Revue GestEcoDroit

Année 2023

Volume 1

Numéro 1

DIRECTEUR DE PUBLICATION
Clotaire MOULOUNGUI

DIDACTIJURIS et Clotaire MOULOUNGUI
6, square du capitaine Guynemer
59960 Neuville-en-Ferrain
Didactijuris@yahoo.com

ISBN : 978-2-487740-13-6
EAN : 9782487740136

Articles de ce volume 1

Plan et pagination des articles

LES EMPLOIS FICTIFS

Clotaire MOULOUNGUI
Maître de conférences hors classe à l'ULCO (académie de Lille)
Ancien Chef du Département Gestion des Entreprises et des Administrations
Responsable de la licence professionnelle Métiers de la Gestion et du Social

Résumé : Les médias audiovisuels, les journaux, les revues et les livres se font de temps en temps l'écho d'hypothèses d'emplois fictifs. Sont plus outrageusement persiflés les cas relatifs au secteur public, sans doute parce que les bénéficiaires grappillent des ressources fiscales ou sociales. En pratique, il en existe aussi dans le secteur privé.

Mots clefs : Fonctionnaire fantôme ; emplois de complaisance ; absentéisme ; abus de biens sociaux ; détournement de fonds publics ; faute du fonctionnaire ; faute de l'employeur public.

Abstract : Audiovisual media, newspapers, magazines, and books occasionally echo theories of fictitious employment. Cases relating to the public sector are more outrageously mocked, no doubt because the beneficiaries are scraping together tax or social security resources. In practice, they also exist in the private sector.

Keywords : Ghost civil servant; jobs of convenience; absenteeism; misuse of corporate assets; embezzlement of public funds; civil servant misconduct; public employer misconduct.

1. – Le secteur public comme repaire apparent d'emplois fictifs.

Les médias audiovisuels, les journaux, les revues et les livres se font de temps en temps l'écho d'hypothèses d'emplois fictifs (1).

Sont plus outrageusement persiflés les cas relatifs au secteur public, sans doute parce que les bénéficiaires grappillent des ressources fiscales ou sociales. En pratique, il en existe aussi dans le secteur privé.

A. – Les emplois fictifs dans les entreprises privées

2. – L'inadéquation du salaire gratuit aux amis avec le principe de l'écran social et de la séparation des patrimoines.

Pour le non-juriste, les fondateurs d'une société commerciale disposent de la faculté d'y concéder, à qui ils veulent, des avantages en son sein ; par exemple la création d'emplois fictifs (sans travail mais avec salaire). En illustration bien connue, il y a l'épouse d'un ancien

---

1) Dans une affaire récente, il a pu être écrit que : « *La poursuite de l'information judiciaire permettra donc de découvrir la vérité et de déterminer si des fonds de l'Union européenne destinés à l'emploi d'assistants parlementaires ont été détournés par les mises en examen pour financer des salaires de membres permanents du Front national* » (Dorothée GOETZ, Emplois fictifs d'assistants d'eurodéputés FN : demande d'annulation rejetée, DA 4 mars 2019). Ce parti politique (devenu RN : Rassemblement National) n'aura pas été le seul dans la tourmente judiciaire. Car il semblait logique et défendable d'utiliser les moyens européens reçus au profit également de l'instance grâce à laquelle le poste européen aura été obtenu.

Premier ministre, ensuite candidat malheureux à la présidence de la République (2).

Elle aura été (pénalement) prévenue d'avoir eu un tel emploi de complaisance (entre mai 2012 et décembre 2013). C'était dans le séculaire mensuel "REVUE DES DEUX MONDES" (3). La dame était censée y travailler pour 3500 euros nets de salaire mensuel. Cela, parallèlement à une activité d'attachée parlementaire (de son époux).

Des commentateurs (à l'évidence indulgents) n'ont pas compris le mauvais procès fait au milliardaire rémunérant une pseudo-rédactrice sans production littéraire dans son média. Mais en droit, puisque ce magna avait décidé de créer une personne morale (c'est-à-dire La Revue) distincte de sa propre personne, leurs patrimoines respectifs devaient être considérés comme étant indépendants l'un de l'autre.

Il y a en effet une sorte d'écran entre les deux personnes, l'écran social, entre l'homme d'affaires et son affaire ayant de la personnalité juridique. La générosité de ce gentilhomme ne pouvait dès lors s'exercer par prélèvement de sommes déjà irrévocablement mises à la disposition de la personne morale (4). La confusion inconsidérée des patrimoines renvoie au délit d'abus de biens sociaux (5).

---

2) Bien sûr, il est ici question des Fillon : Pénélope et François. Ils étaient les amis de Marc Ladreit de Lacharrière, le propriétaire de la personne morale.

3) Celle-ci, « *La Revue des Deux Mondes est une revue de littérature et d'idées française, fondée en 1829. C'est l'une des plus anciennes publications périodiques encore en activité en France* » (https://fr.wikipedia.org/wiki/Revue_des_Deux_Mondes).

4) Bien entendu, en cas de liquidation judiciaire d'une société, si tous les créanciers même chirographaires sont déjà payés, et qu'il reste encore des biens (ce qui est rarissime), ceux-ci sont distribués aux propriétaires d'actions ou de parts sociales.

5) Bernard BOULOC, Emplois fictifs, Abus de biens sociaux, Répertoire des sociétés, n° 92, mai 2022 : « *L'abus de biens peut aussi consister dans le*

3. – La fin de la société pétrolière adepte de rémunérations sans travail.

Dans les années 90, une grande société pétrolière parapublique (désormais fusionnée dans sa concurrente privée), s'était retrouvée dans une tourmente judiciaire qui, sans doute, aura précipité sa disparition (6).

Ses dirigeants sociaux avaient été poursuivis pour (entre autres) le délit d'abus de biens sociaux, du fait du recrutement de centaines de personnes, rémunérées sans travail effectif au profit de la société (7). Tout en déniant les faits, les prévenus invoquèrent subsidiairement la prescription pénale des poursuites ; mais vainement (8).

En effet, les juges du fond ont été approuvés par la Cour de cassation (13 octobre 2009) en ces termes : *« la prescription en matière d'abus de biens sociaux court, sauf dissimulation, à compter du jour où les*

---

recrutement de personnes (amies) qui seront payées par la société, mais sans effectuer de travail pour elle ».

6) La société en question était Elf Aquitaine. Elle a été reprise corps et biens par la Société Total (désormais Total Énergies). Celle-ci paraissait pourtant, au mieux, de même force que celle-là. Les promoteurs de la privatisation n'ont heureusement jamais été soupçonnés d'avoir bradé ''*un joyau de la République*", et de plus, un levier de la souveraineté énergétique nationale.

7) « *Une des plus grosses affaires de corruption, une affaire politico-financière qui a éclaté en 1994, suite à une enquête de l'ancêtre de l'Autorité des marchés financiers actuelle (AMF), sur le financement de l'entreprise textile Bidermann, par le groupe pétrolier, entre 1989 et 1993. L'entreprise pétrolière française publique Elf fut dévalisée de plus de 305 millions d'euros par ses cadres dirigeants, surtout durant le second septennat du Président socialiste François Mitterrand (1988-1995)* » (https://www.challenges.fr/entreprise/l-affaire-elf-en-resume_388898).

8) Dire "subsidiairement" est ici une figure de style. Car les exceptions doivent être soulevées in limine litis, c'est-à-dire avant toute défense au fond. En tous cas, la cour d'appel de Paris avait condamné les prévenus (pour recel) chacun à huit mois d'emprisonnement avec sursis, 30.000 euros d'amende, sans compter les intérêts civils.

faits sont apparus dans des conditions permettant l'exercice de l'action publique » (9).

Cela étant, l'ineffectivité de la prestation de travail (des prétendus salariés, consultants et mandataires) était-elle promptement décelable ? La réponse est non ; parce que l'entreprise en avait des milliers. Sans compter que ses organes de vérification (commissaires aux comptes et contrôleurs publics) se focalisaient essentiellement sur les aspects de comptabilité.

Autrement dit : ils ne songeaient guère au défaut d'assiduité des personnels, et moins encore à l'absentéisme congénital de quelques uns d'entre eux.

4. – Le népotisme au profit d'un parent bien payé et rarement au travail.

Il arrive que l'absentéiste impénitent vienne parfois travailler. Dans ces conditions, il ne vole donc pas complètement le salaire qu'il perçoit de son employeur accommodant. Aussi la jurisprudence ne l'oblige-t-il pas à rembourser la totalité des sommes déboursées par son soi-disant employeur (10). Par exemple, une enquête pénale pour fraude fiscale (minimisation de la TVA récoltée), a révélé par ailleurs une manigance consistant en des rémunérations sans travail.

---

9) CASS. CRIM., 13 octobre 2009, pourvoi n° 09-80369 ; Cassation par voie de retranchement sans renvoi.

10) On ne lui applique pas bêtement cet adage selon lequel « *la fraude corrompt tout* ». Françoise BOUSEZ, Intérim : la fraude corrompt tout, *La Semaine Juridique Social* n° 22, 1er Juin 2010, 1217 ; Jacques MESTRE, La fraude corrompt tout, même les contrats, *RTD civ.* 1997. 652 ; Arnaud REYGROBELLET, La fraude corrompt tout... même les publicités légales, *Rev. sociétés* 2021. 231 ; Florence DEBOISSY, La fraude corrompt tout, y compris l'application d'une convention fiscale, *Droit fiscal n°* 2, 11 Janvier 2018, comm. 64.

Concrètement, l'épouse du fraudeur était prétendument salariée d'une de leurs deux sociétés. Ainsi, sans réelle activité comme contrepartie, la dame en percevait des salaires ; outre l'usage d'une voiture de fonction. Il s'agissait-là incontestablement du délit d'abus de biens sociaux (11).

Le tribunal correctionnel (5 juillet 2013) les a dès lors tous deux reconnus coupables ; et aussi la cour d'appel de Lyon (20 mars 2015), la juridiction de contrôle (12).

5. – Le remboursement de la seule part indue des salaires perçus par l'absentéiste.

Dans l'affaire ci-dessus, c'est le volet civil de la (nécessaire) répétition des salaires injustifiés qui aura suscité la cassation (13). Car, de la part des juges du fond, il y aura eu inobservation de l'article 1240 du Code civil (à l'époque 1382), de même que la violation des articles 2 et 3 du Code de procédure civile.

---

11) Les deux époux étaient auteurs de délits distincts. Pour le mari dispensateur des avantages indus : le délit d'abus de biens sociaux. Pour l'épouse bénéficiaire : le recel d'abus de biens sociaux. Si l'appellation change, il n'en est pas de même pour les peines nominales. Encore que le principe de l'individualisation (de personnalisation) de la peine demeure applicable.

12) En sus des peines d'emprisonnement avec sursis et les amendes, les deux époux ont été solidairement condamnés à la restitution des avantages indus (à leurs propres sociétés !).

13) Répétition ? Répondons pour commencer que par souci de simplification du droit, un toilettage du Code civil au moyen d'une ordonnance de 2016 (sur les obligations et les contrats en général) a remplacé le terme juridique répétition (et le verbe correspondant : répéter) par son synonyme populaire restitution (et le verbe corrélatif restituer). Mais entre juristes de haut niveau ou de générations anciennes, l'usage précédent demeure acceptable pour le remboursement de valeurs indues. C'est une coquetterie distinctive...

Certes, a réaffirmé la Haute Cour (5 janvier 2017), *« le préjudice résultant d'une infraction doit être réparé en son intégralité, sans perte ni profit pour aucune des parties »*. Or la somme de 147.500 euros à rembourser représentait l'intégralité des salaires versés, ainsi que l'estimation de l'avantage véhicule.

C'était vraiment trop sévère *« pour un travail qui était en partie réel »* (14). En l'occurrence, le volet pénal (le principe de la culpabilité et le quantum de la peine) avait seul été parfaitement jugé par les juridictions lyonnaises. Cela étant, l'absentéiste et/ou son comparse échapperont à la sanction pénale en cas d'erreur de procédure (15).

B. – Les emplois fictifs dans les administrations publiques

6. – Des promotions à l'ancienneté même pour l'agent absent durant des années.

Dans le cadre de sa responsabilité sociale, de même que pour une gestion harmonieuse de ses plannings, un employeur pourrait (complètement ou partiellement) libérer de toute activité subordonnée un salarié élu. Alors ce salarié œuvrera plutôt au

---

14) CASS. CRIM., 5 janvier 2017, pourvoi n° 15-82435.

15) Ainsi, dans une affaire de même type, un notaire (qui avait imaginé trois emplois fictifs) aura victorieusement fait reconnaître que le procureur de la République avait eu le dernier mot, à la clôture des débats, au lieu que ce soit lui, le prévenu (CASS. CIV. 1, 16 octobre 2013, pourvoi n° 12-27713 et 12-27714). En l'espèce, le notaire avait agi au détriment de sa Société Civile Professionnelle et, par ricochet, au détriment de ses six coassociés. Parmi les huit fautes disciplinaires qui lui étaient reprochées, il y avait le maintien fictif de sa femme comme salariée de l'office, ainsi que le recrutement, pour ses propres affaires, de personnes présentées comme des clercs de l'office. Quoique sa culpabilité fût incontestable, l'arrêt de la cour d'appel d'Aix-en-Provence (13 septembre 2012) aura dû être annulé pour son oubli de proposer la parole en dernier à la personne poursuivie.

service de son syndicat professionnel, ou bien même de son parti politique (16).

Dans la fonction publique, si un tel permanent se meut encore quelque peu au profit de son employeur, ou même seulement dans ses locaux, l'on parle de décharge de service (au profit du syndicaliste, ou du partisan). La situation reste administrativement proche de la mise à disposition, dans laquelle l'agent public continue de percevoir son traitement, alors qu'il travaillera désormais pour un tiers (public ou privé).

Il est en revanche question de détachement lorsque l'agent public consacre sa force de travail à la nouvelle entité, et en perçoit d'ailleurs sa rémunération mensuelle. Dans les trois cas (décharge, mise à disposition, détachement), l'agent public bénéficiera encore et toujours de promotions (à l'ancienneté) au sein de son administration d'origine (17).

Oui, à l'instar de ses collègues qui, eux, continueraient d'honorer de leur présence les activités planifiées par leur employeur (18). La situation d'absentéisme ne prend ici personne en traître et l'organisation future sera pensée en ne comptant plus sur l'intéressé.

---

16) Claire MORIN, Les mises à disposition d'agents publics au bénéfice d'un syndicat, *Droit social* 2017. 498. Les syndicats ont meilleure presse que les partis politiques. Pourtant, les uns et les autres sont utiles à la vie démocratique du pays. Les partis sont même mentionnés dans la Constitution pour un double rôle : la participation au débat politique ; la présentation de candidats aux élections.

17) Jean-Charles JOBART, Précisions sur la mobilité requise d'un fonctionnaire territorial candidat à une promotion, *AJFP* 2020. 255 ; CONSEIL D'ÉTAT, 1 octobre 2014, Lebon 1 janvier 2015 (Des services public peuvent être accomplis en qualité d'agent de droit privé) ; *AJFP* / Tribunal administratif de Poitiers 2 octobre 1997, *AJFP* 1998. 19 (Double carrière dans la préfectorale et dans la territoriale).

18) Luc PIERRON, La protection sociale du fonctionnaire détaché pour mandat électif : Janus, malgré lui ? *RDSS* 2017. 259.

7. – La définition de l'emploi fictif ou de l'absentéisme permanent.

Les hypothèses administratives en vertu desquelles un agent élu est réputé demeurer à son poste (malgré une réalité toute inverse) sont pleinement légales, quoique surprenantes. Ces fictions juridiques diffèrent par conséquent des emplois fictifs véritables, où l'absentéisme de l'agent ne sera aucunement assumé.

Or celui-ci aura été recruté dans le cadre d'un concert frauduleux (entre le recruteur et lui). L'entente prévoira que la charge de sa rémunération pèsera sur une administration pour laquelle l'agent ne travaillera pas, ou bien si peu. Des illustrations d'une semblable pratique délictueuse sont offertes par les actualités et par les bulletins de la chambre criminelle de la Cour de cassation (19).

En fait, des emplois fictifs sont parfois créés au profit de travailleurs dont l'absentéisme ne sera jamais scruté, et moins encore sanctionné. Car la recrue n'aura généralement pas à se présenter dans les locaux de son pseudo-employeur. Ainsi donc, sa production et sa productivité ne profiteront nullement à ce dernier.

8. – Le cumul de deux emplois communaux dont l'un fictif.

Historiquement, c'est dans le secteur public (surtout local) que les emplois fictifs auront souvent faits grand bruit. Ainsi, le directeur de cabinet d'un maire avait bénéficié d'un second contrat communal, pour 2300 euros supplémentaires par mois.

---

19) « *Si l'on devait proposer une typologie de l'emploi fictif - autrement dénommé, emploi de complaisance - l'on pourrait certainement distinguer, d'une part, l'emploi dont la charge financière est indûment supportée par une collectivité qui ne bénéficie pas de la prestation de travail effectivement réalisée et, d'autre part, l'emploi indûment rémunéré en dépit de l'inexistence d'une prestation de travail* » (Marc SEGONDS, Emploi fictif et détournement de biens publics, *D.* 2002. 1799).

Car il était par ailleurs censé exercer les fonctions de directeur d'une station audiovisuelle communale (à partir de janvier 2004). Or, le 23 février 2007, Tracfin, qui enquêtait sur le maire, découvrit le caractère fictif de ce second emploi (20).

C'est vrai que l'intéressé ne se rendait pas à la station, et n'agissait pas spécifiquement pour elle à l'extérieur. À n'en pas douter, son absentéisme permanent en faisait un agent fantôme. L'inconvénient de la situation est le versement d'une rémunération indue par le service public.

9. – La prise en charge municipale d'employés au service exclusif d'un parti politique.

Dans le même esprit que ci-dessus, la cour d'appel de Bourges (26 mai 2005) a eu à condamner (sur renvoi après cassation), deux maires communistes successifs de Montluçon. La raison est qu'ils avaient créé des emplois dont les bénéficiaires ne travaillaient finalement pas au profit de leur collectivité, mais au profit de structures proches du parti communiste (21).

---

20) CASS. CRIM., 27 juin 2018, pourvoi n° 16-86256. Dès lors, le délit de prise illégale d'intérêts a été recherché (coaction, complicité, recel). Les prévenus (maire, secrétaire général et directeur fictif) ont fait valoir la prescription des faits litigieux. Vainement, car c'est devant la Cour de cassation qu'ils y avaient enfin songé (pour la première fois). Au demeurant, « *le délai de prescription de l'action publique du délit de prise illégale d'intérêt commençant à courir, en cas de dissimulation, à compter du jour où l'infraction est apparue et a pu être constatée dans des conditions permettant l'exercice des poursuites, le moyen est nouveau et mélangé de fait, les constatations des juges du fond, qui, n'étant pas saisis de cette exception, n'ont pas recherché les éléments de cette dissimulation, ne permettant pas à la Cour de cassation d'en apprécier la valeur* ».

21) Ils ont été condamnés pour abus de confiance et détournement de fonds publics. L'un, à six mois d'emprisonnement avec sursis, et le second à cinq mois d'emprisonnement avec sursis. Chacun d'eux a en outre écopé d'un an

C'est le 29 août 2000 qu'une enquête préliminaire avait été décidée par le procureur de la République, à la suite d'un rapport de la chambre régionale des comptes d'Auvergne. Un rapport qui dénonçait *« les conditions de prise en charge par la commune de la rémunération de certains agents affectés au groupe des élus communistes et républicains de la mairie et mettant en doute la réalité du travail de ces personnes au profit de la commune »*.

Un agent municipal aura du reste reconnu que deux autres personnes et lui-même avaient été indument rémunérés sur le budget de la commune (de décembre 1985 à avril 1997), au titre du secrétariat des élus communistes et républicains. Naturellement, personne ne les voyait à la mairie (22).

Ses comparses et lui étaient en réalité affectés à l'exploitation d'une radio locale entretenant des liens privilégiés avec la majorité municipale communiste.

10. – La rétrocession de sa ressource humaine (licite) à son parti politique.

Une dizaine d'années avant l'enquête ci-dessus, le conseil municipal de Montluçon avait adopté (en 1989) un règlement intérieur créant huit emplois pour le secrétariat des groupes d'élus ; dont quatre pour celui du groupe des élus communistes et républicains.

---

d'interdiction des droits de vote et d'éligibilité. Il fallait par ailleurs ajouter l'action civile.

22) Notons que le Parlement européen s'est plaint de députés français dont les collaborateurs (rémunérés par l'Europe) n'avaient jamais fait le déplacement pour Bruxelles ou pour Strasbourg. Car ils étaient affectés (à perpétuelle demeure) à leur parti politique. La critique aura surtout concerné le Front National (devenu le Rassemblement National) et le MODEM. Le responsable de ce parti (et ses adjointes) avaient alors devancé les poursuites en démissionnant du tout premier gouvernement d'Emmanuel Macron. Le problème est que même pas un jugement en première instance n'aura été prononcé dans l'affaire au bout six ans déjà.

Les emplois fictifs

À la différence des autres groupes, les agents des élus communistes et républicains n'exercèrent pas leurs activités dans les bureaux de la mairie. Ils œuvraient, s'agissant des uns, à la fédération de l'Allier du parti communiste, et concernant les autres, à l'association Radio Montluçon Bourbonnais (23).

Contrairement à la cour d'appel de Bourges (cour de renvoi), celle de Riom (territorialement compétente), avait relaxé les prévenus et débouté la partie civile de ses demandes (le 19 juin 2003). Or, aura jugé la Cour de cassation (13 septembre 2006), *« l'affectation, en connaissance de cause, des agents municipaux, à des tâches non conformes aux emplois prévus, implique le détournement de leur rémunération, opérée par prélèvement sur le budget de la commune »* (24).

---

23) Il n'est pas évident que la pratique soit moralement choquante. En effet, les élus auront utilisé des moyens qu'ils avaient à disposition afin d'aider le parti politique (désargenté) grâce auxquels ils étaient en activité bénévole à la mairie, sachant que les conseillers municipaux n'ont pas systématiquement d'indemnités de fonction. De plus, la Constitution elle-même reconnaît les partis politiques comme étant essentiels à la vie démocratique. Ce qui semblerait immoral c'est qu'un élu garde égoïstement pour lui les avantages directs ou indirects de sa fonction, sans en reverser un peu à son parti. Il n'empêche que la loi c'est la loi. Et celle-ci préfère apparemment que l'on gâche un avantage dont on n'a pas l'utilité, plutôt que d'en faire bénéficier son parti politique. Dans un domaine voisin, la question s'est posée de savoir si le bénéficiaire d'un logement de fonction qu'il n'entendrait pas occuper, pouvait le mettre à la disposition de ses parents (affaire Fadela Amara) : « *Recevoir quelques jours en trois ans sa famille, son père et sa mère, mes frères et sœurs (j'ai une famille nombreuse qui habite en Auvergne et que je vois rarement) je trouvais bizarre, les polémiques que ça a fait* » (https://www.lepoint.fr/politique/amara-juge-assez-degueulasse-la-polemique-sur-son-logement-de-fonction-15-06-2010-467007_20.php).

24) CASS. CRIM., 13 septembre 2006, pourvoi n° 05-84111, Bulletin criminel 2006 n° 220 p. 776. Cassation partielle par voie de retranchement sans renvoi. La sévérité de cette cour de renvoi a été jusqu'à refuser aux prévenus la loi d'amnistie des infractions en lien avec le financement

11. – Le pouvoir du contribuable suspicieux quant à la réalité du travail des recrues.

Dans une autre espèce, un contribuable de la ville de Paris (préalablement autorisé par le tribunal administratif), aura saisi la juridiction pénale (le 15 décembre 1998) pour dénoncer le versement (entre 1983 et 1988) de rémunérations à des chargés de mission contractuels, normalement affectés au cabinet du maire de la capitale (25).

Car *« les intéressés n'auraient fourni aucune prestation effective ou auraient exercé leurs activités au profit d'autres employeurs »*. A l'appui de sa plainte, le contribuable détenait une attestation établie par le directeur de l'administration générale de la ville de Paris, durant l'époque litigieuse (26).

---

direct ou indirect de campagnes électorales ou de partis et de groupements politiques. C'est l'article 19 d'une loi du 15 janvier 1990 qui aurait ainsi amnistié de telles infractions ; du moins en l'absence d'enrichissement personnel, et si ces infractions avaient été commises avant le 15 juin 1989. Pour la cour d'appel, les délits constatés dans la commune de Montluçon se seraient poursuivis au-delà de cette date. En vérité, précise la Cour de cassation, « *le délit d'abus de confiance résultant du paiement de salaires rémunérant des emplois fictifs est une infraction instantanée, consommée lors de chaque paiement indu* ». En l'absence d'enrichissement personnel la relaxe était nécessaire. Cependant, une deuxième cassation n'est pas intervenue dans cette affaire. Plus exactement, il y aura eu cassation « *par voie de retranchement, les peines étant justifiées par les déclarations de culpabilité prononcées pour les faits non amnistiés* ». Depuis une vingtaine d'années (sous l'inspiration de François Bayrou), il n'y a plus de loi d'amnistie à l'issue de l'élection du nouveau président de la République.

25) CASS. CRIM., 17 mai 2006, pourvoi n° 06-80951.

26) Le contribuable procédurier s'est par ailleurs fondé sur une audition de ce directeur (dans une affaire connexe, le 20 mai 1998), en exécution d'une commission rogatoire d'un juge d'instruction du tribunal de grande instance de Nanterre, révélant l'existence d'emplois fictifs à la mairie de Paris.

Les emplois fictifs

Le lecteur un peu âgé aura identifié la saga judiciaire du financement illicite du RPR par la ville de Paris au moyen d'emplois fictifs de personnes travaillant en réalité pour ce parti. On notera pour l'anecdote que c'est Alain Juppé, premier adjoint du maire Jacques Chirac, qui fut la personnalité condamnée pénalement en 2004. Son chef et mentor ne fut inquiété qu'en 2011, après ses mandats de président de la République.

12. – La condamnation pénale du recrutement d'agents sans activité interne ou externe pour le service public.

Ces mœurs politiques délictueuses (de fin du millénaire) avaient aussi été constatées en Polynésie française ; au sein de l'assemblée territoriale. En effet, des délibérations (en date du 24 août 1995) avaient autorisé diverses hautes personnalités à recruter des agents chargés de les assister dans les tâches relevant de leur compétence (27).

C'était dans le cadre de contrats dits *« de cabinet »*, par lesquels les bénéficiaires s'engageaient à réserver l'exclusivité de leur activité à leur employeur public. Mais le procureur de la République de Papeete fut informé du caractère fictif de plusieurs de ces contrats. D'où l'ouverture d'une information judiciaire des chefs de prise illégale d'intérêts (contre les personnalités) et de recel (des fruits de l'infraction contre les bénéficiaires).

Les investigations révélèrent que les personnes recrutées n'avaient jamais mis le pied à l'endroit où (en principe) elles devaient travailler. Ou bien, quoiqu'ayant fréquenté l'endroit, elles s'en seraient plutôt servi comme base d'actions de propagande politique

---

27) Ces hautes personnalités étaient les membres du gouvernement de Polynésie, le président de son Assemblée, et les présidents des commissions de cette institution.

au profit des recruteurs (28). En l'hypothèse, leur absentéisme n'était pas physique, mais moral, ou psychologique, ou juridique.

Selon la Cour de cassation, le délit était constitué contre chacun des élus par le seul abus de ses fonctions (29). Dès lors, la cour d'appel n'avait pas à rechercher si tel ou tel prévenu *« avait tiré un avantage politique effectif des recrutements litigieux »*.

13. – Les emplois fictifs comme coût de la démocratie et comme prix de la paix sociale.

On pourrait se consoler de ces irrégularités (emplois de complaisance, emplois fictifs), en se disant que, pour promouvoir la paix sociale, des responsables syndicaux ont pu être recrutés comme agents de cabinet (30).

---

28) On citera : l'association de la Radio Maohi ; des fédérations sportives ; des syndicats ; des communes. Il y avait aussi le SAP (le service des affaires polynésiennes) dans lequel les agents n'auraient pas posé problème si leurs missions réelles avaient été celles de ce service.

29) CASS. CRIM., 23 juillet 2014, pourvoi n° 13-82193, Bulletin. À l'encontre d'un des prévenus, il avait été démontré que les agents recrutés « *ont travaillé essentiellement à favoriser l'influence et le poids du parti politique Tahoeraa de M. X... dans le but d'assurer la reconduite de la majorité lors des élections locales et de faciliter ainsi le maintien de ce dernier à la présidence du gouvernement du territoire* ». A l'encontre du second, il a été relevé (par la cour d'appel) qu'il « *a volontairement prêté assistance à M. X..., non seulement en ne s'opposant pas à l'exercice, par les agents du SAP placés sous ses ordres, des actions de propagande politique précitées, mais encore en initiant ces missions, qu'il a couvertes de son autorité* ».

30) Au fond, « *l'histoire de la philosophie politique — ainsi qu'une analyse critique des rapports de domination à l'œuvre dans le monde contemporain — nous oblige à reconsidérer cette valorisation spontanée et acritique de la paix. Il y a en effet au moins un aspect de la notion dont la valorisation a été immédiatement considérée comme suspecte par des auteurs aussi différents que Machiavel à Marx en passant de Spinoza ou Rousseau. A partir de fondements théoriques divers ou contradictoires, tous ces auteurs*

Puis, qu'ils auront été mis à la disposition de leurs syndicats, en vue d'exercer des fonctions... qu'ils y assumaient déjà. Mais, un tel objectif (ou résultat) peut-il suffire à justifier que les salaires consécutifs à des contrats fictifs soient pris en charge par le budget d'une collectivité territoriale ? Sans doute la réponse négative est-elle contenue dans la question même. C'est toutefois une réponse trop empreinte de juridisme (31).

Car les corps intermédiaires (partis politiques et syndicats professionnels, notamment) canalisent (et neutralisent) les colères et frustrations du corps social. On pourrait donc soutenir des dépenses faites *« pour fluidifier les relations sociales »* ou pour *« mettre de l'huile dans les rouages »* (comme il fut dit par un patron dans une affaire célèbre impliquant l'IUMM et une "*caisse noire*"). Toutefois, persiste le tabou de la corruption proprement dite (pour un profit personnel).

14. – Des engagements budgétaires excessifs pour la sérénité du peuple.

En 2018-2019, la tranquillité et la paix sociale ont incité le Gouvernement à des engagements budgétaires importants à

---

ont montré que la paix entendue comme « paix sociale » — la paix comprise comme mode de communication et de relation entre les membres d'une même entité politique — devait faire l'objet d'une élucidation réaliste des fondements sur lesquels elle repose de façon à permettre le discernement et le jugement proprement politique dans et sur une situation donnée » (Nicolas DUVOUX, Faut-il vouloir la paix sociale ?, Le Philosophoire, vol. 24, no. 1, 2005, pp. 37-50).

31) « *La convention collective fait-elle naître un devoir de paix sociale au moins relatif, faisant obstacle au déclenchement de conflits sur les sujets qu'elle traite ? C'est là une très vieille question sans cesse débattue* » (Marie-Armelle SOURIAC, Conflits du travail et négociation collective, quelques aspects, Droit social 2001. 705). La réponse est positive en Allemagne : « *Le recours à la grève n'est donc possible que lorsque l'obligation de paix sociale a pris fin, c'est-à-dire normalement après l'arrivée du terme de la convention collective* » (Patrick RÉMY et Achim SEIFERT, Les droits des conflits collectifs, Rev. trav. 2010. 250).

l'occasion de la révolte des Gilets Jaunes. C'est le même état d'esprit qui aura présidé à l'adoption de la politique du *« Quoi qu'il en coûte »* lors de la crise du Covid-19 (32).

Ou bien, à celle du *« bouclier tarifaire »* (lors de la flambée du prix de l'énergie), ou encore du chèque alimentaire (perte du pouvoir d'achat par les ménages) (33). Les générations futures souffriront probablement de cette générosité renouvelée au profit de nos contemporains (34).

---

32) Emmanuelle MAUPIN, Le « quoi qu'il en coûte » va peser durablement sur les finances publiques, *DA* 18 février 2022, *AJDA* 2022. 308.

33) Jérôme SADDIER, Pour une République sociale et solidaire, *JA* 2022, n°656, p.23.

34) Gilles HUTEAU, La responsabilité collective vis-à-vis de la dette sociale : l'échec et le défi, *Droit social* 2022. 628.

LES QUORUMS FACULTATIFS (DANS LEUR CRÉATION ET APPLICATION)

Clotaire MOULOUNGUI
Maître de conférences hors classe à l'ULCO (académie de Lille)
Ancien Chef du Département Gestion des Entreprises et des Administrations
Responsable de la licence professionnelle Métiers de la Gestion et du Social

Résumé : Dès lors que plusieurs personnes débattent, elles peuvent finir par s'accorder sur le ou les points ainsi débattus. Leur accord de volontés produira ensuite des effets juridiques si telle était l'intention commune visée. En principe, les membres qui se retrouvent minoritaires (pour n'avoir su convaincre de la pertinence de leur approche) s'alignent loyalement sur la majorité. Mais tous ne sont pas aussi stoïques.

Mots clefs : Absentéisme ; quorum ; quorum obligatoire ; quorum facultatif.

Abstract : When several people debate, they may end up agreeing on the point(s) being debated. Their agreement will then produce legal effects if that was the common intention. In principle, members who find themselves in the minority (for having failed to convince others of the relevance of their approach) loyally align themselves with the majority. But not all are so stoic.

Keywords : Absenteeism; quorum; mandatory quorum; optional quorum.

1. – L'éventualité d'un quorum dans les associations et les assemblées parlementaires.

Dès lors que plusieurs personnes débattent, elles peuvent finir par s'accorder sur le ou les points ainsi débattus. Leur accord de volontés produira ensuite des effets juridiques si telle était l'intention commune visée. En principe, les membres qui se retrouvent minoritaires (pour n'avoir su convaincre de la pertinence de leur approche) s'alignent loyalement sur la majorité. Mais tous ne sont pas aussi stoïques (35).

Du reste, quid des absentéistes ? Le droit positif ne répond pas systématiquement que *« les absents ont tort »*. Au contraire, plus les défaillants auront été nombreux, moins la décision commune présentera de valeur juridique. Il s'agit de la question du quorum. Celui-ci est un seuil d'absentéisme à ne point franchir. Grâce à son respect par les membres présents, le droit reconnaîtra les délibérations de ces rares présents.

Curieusement, l'exigence du quorum n'est pas systématique dans les assemblées parlementaires, et pas davantage dans les associations.

A. – La singularité des quorums au Parlement

2. – La validité en général du vote de la poignée de députés présents.

Selon le règlement de la chambre basse de notre Parlement français, *« l'Assemblée [nationale] est toujours en nombre [satisfaisant] pour*

35) Alexis BECQUART et Violaine DELSOL, L'annulation d'une décision irrégulière dans l'association : l'arme ultime des minoritaires ? *JA* 2003, n°284, p.13.

délibérer et pour régler son ordre du jour » (36). Cela veut dire que l'éventuelle poignée de députés présents siège et prend les décisions nécessaires sans s'inquiéter du nombre d'absents.

L'idée est que, nonobstant leur insuffisance apparente, les députés présents constituent néanmoins l'ensemble de leur commission, ou même l'entièreté de l'Assemblée nationale. La règle vient du fond des âges.

Par exemple, s'agissant d'assemblées germaniques, un ouvrage porte que : *« les assemblées en question réunissaient théoriquement tout le monde, et même si en réalité plusieurs en étaient absents par négligence, ceux qui étaient présents s'exprimaient au nom du peuple des Wagres tout entier, c'est-à-dire de la communauté tribale »* (37).

3. – Les exemples de votes par une poignée de députés.

Des citoyens autoproclamés défenseurs des mœurs parlementaires s'agacent de ce que le règlement du Sénat prévoit que *« le vote est valable, quel que soit le nombre de votants »*, et que celui de l'Assemblée nationale prévoie identiquement que *« l'Assemblée est toujours en nombre pour délibérer »* (38).

Leur courroux aura d'ailleurs était exacerbé par le fait que 68 députés seulement, c'est-à-dire 12 % de l'effectif, avait pris part au vote de la loi sur le secret des affaires (le 28 mars 2018). Certes, vu que c'était

---

36) Règlement de l'Assemblée Nationale, article 61, alinéa 1 et 2.

37) Karol MODZELEWSKI, Culte et justice : Lieux d'assemblée des tribus germaniques et slaves, Annales. *Histoire, Sciences Sociales*, 54e Année, No. 3 (May - Jun., 1999), pp. 615-636, Cambridge University Press, https://www.jstor.org/stable/27585917.

38) Jean-Christophe PICARD, Comment les députés contournent le règlement de l'assemblée pour voter même en tout petit comité, À la recherche du quorum perdu, 02/05/2018 11:34 CEST, Actualisé 04/05/2018 17:22 CEST. Cet individu est le président d'Anticor, une association de lutte contre la corruption.

en première lecture, une suivante était envisageable à la suite l'examen sénatoriale de ce texte (39).

Il n'empêche que l'objet de la loi était suffisamment important pour déterminer normalement tous les députés à venir en débattre. Une dizaine d'année plus tôt (9 avril 2009), c'est seulement une cinquantaine de députés qui avaient débattu du projet de loi portant création de HADOPI, la Haute Autorité pour la Diffusion des Œuvres et la Protection des droits sur Internet (40).

En l'occurrence, comme les députés de l'opposition s'y sont finalement trouvés plus nombreux que ceux de la majorité (UMP), ce projet aura reçu (temporairement) un vote négatif (41). Une année auparavant, en mai 2008, une motion de procédure du PCF avait déjà pu prospérer, alors que ce groupe politique de Gauche ne compte traditionnellement qu'une quinzaine de députés (42).

---

39) Seulement envisageable, car si la seconde chambre parlementaire saisie adopte sans le moindre changement le texte déjà voté par la première chambre, l'on estime que la loi existe dorénavant. Certes, il est rare qu'en une seule fois les deux chambres adoptent un texte dans les mêmes termes ; c'est-à-dire à la virgule près, et donc sans la moindre modification.

40) Elle visait trois objectifs : la diversification des œuvres numériques ; la prévention et la répression de la piraterie sur Internet, au moyen de ripostes de sévérité progressive ; la contribution à la mise en place de plateformes légales de téléchargement.

41) L'attachement viscéral des députés au président Sarkozy n'a pourtant pas suffit à leur adhésion massive. Plus exactement, faute d'avoir été convenablement associés aux évolutions qualitatives du texte censé être affreusement technique, nombre de parlementaires ont préféré s'absenter et s'en remettre aux experts du sujet. Cet absentéisme aura momentanément transformé la majorité en minorité et abouti au rejet passager du texte (Dorothée REIGNIER. La discipline de vote dans les assemblées parlementaires sous la cinquième République. Droit. Université du Droit et de la Santé - Lille II, 2011. Français. NNT : 2011LIL20010.tel-01673790v2).

42) Le texte qui avait alors été retardé concernait les organismes génétiquement modifiés (OGM).

4. – L'illustration maghrébine de l'absentéisme parlementaire.

Au Maroc, le projet de Loi de finances 2010 aura été voté par la Chambre des représentants le mardi 17 novembre (de cette année-là). Même si l'adoption du budget de l'État est le vote le plus important du parlement chaque année, les élus sceptiques à l'égard du Gouvernement auront été presque aussi nombreux que ses soutiens (normalement majoritaires). À savoir : 58 voix pour ; 35 voix contre ; 22 abstentions.

Politiquement, cela aura ressemblé à un désaveu (inavoué). Les députés absentéistes auront même causé un autre moment de gêne au Gouvernement la veille. Car l'opposition avait suggéré le paiement subrogatoire des pensions alimentaires (impayées par les pères) grâce à un fonds de solidarité à créer (43). Le ministre concerné avait élevé des objections techniques, c'est-à-dire la nécessité d'un travail préparatoire avant toute décision au fond. Il avait dès lors recommandé le retrait de l'amendement en vue d'une discussion dans les mois suivants.

Néanmoins, les porteurs du projet insistèrent, de façon que chacun des parlementaires présents se positionnât. La majorité parlementaire avait alors perdu avec 32 voix contre, tandis que l'opposition avait

---

43) La France a adopté cette mesure en 2022. « *À partir du 1er mars 2022, le versement de la pension alimentaire fixée par un juge s'effectue automatiquement par la CAF ou la MSA. L'objectif de ce nouveau service public des pensions alimentaires est d'éviter les retards de paiement et les impayés, de protéger les familles monoparentales en situation de précarité et de simplifier le quotidien des parents séparés. Un décret publié au Journal officiel du 27 février 2022 généralise l'intermédiation financière du versement des pensions alimentaires* » (https://www.service-public.fr/particuliers/actualites/A15537).

réussi à réunir 36 voix (44). Naturellement, l'on revint ensuite sur ce vote lorsque les absentéistes réintégrèrent leurs bancs (45).

5. – L'absentéisme parlementaire congolais et japonais.

Comme chacun devrait le savoir, durant la seconde mondiale, la capitale de la France Libre fut Brazzaville, au Congo français (46).

Puis, ce pays devint indépendant de la France en 1960 (47). Alors, le transfert de sa capitale fut voté pour la ville maritime de Pointe Noire, avant un vote contraire quelques mois après (retour à Brazzaville). Lors du vote de ce dernier déménagement, la plupart des parlementaires boudèrent les débats. De sorte qu'une dizaine de députés seulement auront adopté la décision de transfert (48).

---

44) L'historique Istiqlal composait alors la majorité parlementaire avec le MP, le RNI et l'USFP. L'opposition n'était constituée que par le PJD.

45) Par Salah AGUENIOU Le 23 novembre, 2009, in La Vie éco, Loi de finances 2010 : la majorité piégée par l'absentéisme [Maroc].

46) Le Congo français (ou Moyen-Congo) faisait partie d'un sous-ensemble, l'AEF (l'Afrique Équatoriale Française), qui comprenait par ailleurs : le Gabon ; la Centrafrique (alors Oubangui-Chari) ; le Tchad. Il existait en face un second sous-ensemble, l'AOF (l'Afrique Occidentale Française), dont la capitale était Dakar. Ses membres étaient : le Sénégal ; le Mali ; la Côte d'Ivoire ; le Togo ; le Bénin (alors Dahomey) ; le Burkina Faso (alors Haute-Volta) ; le Niger (que l'on ne confondra pas avec le Nigéria). L'AOF a paru hostile à la France Libre et favorable à Vichy.

47) La France du Général de Gaulle a concédé leur indépendance à ses colonies de l'AEF et de l'AOF en 1960. Cette séparation en bonne intelligence tranche avec le cas de l'Algérie. Certes, une grande portion de ce territoire-là était destinée au peuplement par des Européens. Il ne s'agissait pas seulement d'extraction ou de récolte de matières premières (AOF-AEF), mais de vies organisées depuis des décennies dans un cadre (algérien) plus ou moins agréable.

48) Philippe DECRAENE, La capitale est transférée à Brazzaville, Le Monde, Publié le 30 novembre 1958.

Sous d'autres latitudes (au Japon), au début des années 80, le Parti Libéral-Démocrate disposait du plus grand nombre de députés. Voilà pourquoi l'Empereur HIROHITO assigna au chef de ce parti (ŌHIRA MASAYOSHI) le rôle de former et de diriger le futur Gouvernement nippon. Mais après seulement quelques mois de fonctionnement, les luttes fratricides au sein de ce parti fragilisèrent l'exécutif. De sorte que le gouvernement se retrouvera en minorité (le 16 mai 1980) du fait de *« l'absentéisme des représentants [des députés] libéraux »* (49).

Les politiques ne sont pas les seuls à ainsi faire faux bond à leurs collègues. Effectivement, le phénomène se produit aussi de la part des sociétaires d'une association.

6. – Le quorum sur demande à l'Assemblée nationale.

Quelques atténuations sont faites à l'affirmation péremptoire selon laquelle le quorum serait inutile chez les députés. En effet, *« les votes émis par l'Assemblée [nationale] sont valables quel que soit le nombre des présents si [et seulement si], avant le début de l'épreuve, le Président n'a pas été appelé, sur demande personnelle du président d'un groupe, à vérifier le quorum en constatant la présence, dans l'enceinte du Palais, de la majorité absolue du nombre des députés calculée sur le nombre de sièges effectivement pourvus ».*

Autrement dit, l'on ne doit obligatoirement se préoccuper du quorum qu'en cas de demande émise en ce sens. La fiche de synthèse du site Web de cette institution parlementaire énonce qu'il s'agit-là d'un principe républicain (50).

---

49) Paul AKAMATSU, Ōhira Masayoshi (1910-1980), *Encyclopædia Universalis* [en ligne], http://www.universalis-edu.com/encyclopedie/ohira/

50) http://www2.assemblee-nationale.fr/decouvrir-l-assemblee/role-et-pouvoirs-de-l-assemblee-nationale/les-fonctions-de-l-assemblee-nationale/les-fonctions-legislatives/les-votes-a-l-assemblee-nationale#node_4002. Des

Le nombre minimal de présents indispensables est en l'occurrence la moitié plus un. Étant donné qu'il y a 577 sièges de députés, l'on retient le nombre 289 comme la majorité absolue à l'Assemblée nationale. De fait, les députés sont tous répartis dans des sous-ensembles dénommés Commissions.

Alors que huit d'entre celles-ci sont permanentes, les autres commissions sont ponctuelles, et durent le temps d'une enquête ou d'une mission. Le quorum s'y rencontre tout aussi aléatoirement, à la demande expresse d'un président de groupe parlementaire. L'absentéisme éventuelle des députés ne porte donc à conséquence (reports ou ajournements) qu'exceptionnellement.

7. – La nécessité de l'assiduité du groupe parlementaire demandeur de l'effectivité du quorum.

Par volonté d'obstruction, des députés demandaient parfois la vérification du quorum. Malheureusement pour eux, à partir du nouveau Règlement de l'Assemblée nationale (27 mai 2009), ce levier d'opposition parlementaire est devenu plus difficile à actionner.

Car, désormais, le groupe politique qui en fait la demande doit lui-même être en nombre suffisant. Oui, un tel groupe n'aura gain de cause qu'en démontrant que la majorité de ses propres membres sont bien présents (51).

Selon toute apparence, comme une telle demande est faite au nom d'un groupe, les députés non inscrits (lesquels n'ont pas d'appartenance

---

initiateurs d'une pétition en ligne, visant à obliger les députés a systématiquement tenir compter de la majorité absolue, n'a péniblement réuni qu'environ 200 signatures. Il en aurait fallu 100.000 pour que l'Assemblée doive s'en emparer comme problème de société.

51) http://www2.assemblee-nationale.fr/decouvrir-l-assemblee/role-et-pouvoirs-de-l-assemblee-nationale/les-fonctions-de-l-assemblee-nationale/les-fonctions-legislatives/les-votes-a-l-assemblee-nationale#node_4002.

particulière) ne sauraient émettre le souhait de vérification du quorum (52). Certes, la règle ne va pas de soi du point de vue démocratique (53).

Heureusement, une initiative individuelle (ou presque) s'envisage au cas où, quels que soient leurs horizons politiques, 34 % des députés veulent le quorum. En effet, selon le Règlement de l'Assemblée Nationale : *« dans tous les cas, le quorum est nécessaire à la validité des votes si le tiers des membres présents le demande »* (54).

8. – Les chaises musicales entre des sièges parlementaires et des marocains ministériels.

Les partisans du quorum à l'Assemblée Nationale doivent se rappeler que la majorité absolue se calcule sur la base du nombre de sièges effectivement pourvus. On regarde notamment, comme étant non

---

52) Pour former un groupe politique, les députés doivent être au moins quinze. Dans la législature qui s'est achevée en mai 2022, l'on comptait 23 députés non inscrits. De quoi former un groupe. Ce qui leur aurait ouvert des moyens logistiques et du temps de parole (proportionnel à leur importance). Mais, leurs visions politiques étaient certainement inconciliables, et apparaissaient éloignées des orientations des groupes déjà existants.

53) « *[...] alors que tous les députés ont vocation à apporter leur concours, les non-inscrits en sont rendus incapables, faute d'affiliation à un groupe, unique structure juridiquement reconnue par le Règlement* » (Alexis FOURMONT, Les députés non-inscrits, une survivance ? Constitutions 2018. 42).

54) Règlement de l'Assemblée Nationale, article Article 43, alinéa 1. On notera que l'opération de vérification du quorum a été abrogée au Sénat par l'arrêté n° 2020-160 du 1er juillet 2020. Il en était question au XIII du Règlement du Sénat et Instruction Générale du Bureau (https://www.senat.fr/reglement/reglement74.html).

pourvu, le siège du député décédé, ou du député démissionnaire. Or, des députés abrègent parfois leur mandat parlementaire (55).

Du coup, les 577 sièges prévus ne sont pas systématiquement pourvus en permanence. La situation ne doit pas cependant être confondue avec celle des députés devenus ministres (56). Car leurs suppléants prennent le relais, lequel leur échoira à nouveau en quittant le Gouvernement (57).

Un semblable chassé-croisé n'influe donc pas sur l'effectif des députés. En revanche, les députés en mission temporaire figurent parmi les parlementaires dont le mandat est déclaré comme étant clos (58).

---

55) D'ores et déjà Anne Grignon, députée des Yvelines a mis fin à son mandat (12 août 2022). Pendant la législature 2017-2022, José Evrard, Benjamin Dirx, Olivier Dassault, Marielle de Sarnez, Claude Goasguen, Jean-François Cesarini, François André, Patricia Gallerneau, sont décédés. Tandis qu'ont démissionné : Mickaël Nogal, Laurent Garcia, Bruno Bonnell,Frédérique Lardet, Sébastien David, Mustapha Laabid, Bernadette Beauvais, Carine Sinaï-Bossou, Benjamin Griveaux, Daniel Fasquelle, etc.

56) Actuellement 21 députés ont choisi de venir ministres ; parmi eux il y a la Première ministre, députée du Calvados.

57) Les députés suivants sont devenus ministres des équipes gouvernementales du Président Macron (2017-2022) : Sarah El Haïry ; Bérangère Abba ; Nathalie Elimas ; Olivia Grégoire ; Barbara Pompili ; Brigitte Klinkert ; Olivier Véran ; Laurent Pietraszewski ; Jean-Baptiste Djebbari ; Amélie de Montchalin ; Adrien Taquet ; Marc Fesneau ; Franck Riester ; Gabriel Attal ; Olivier Dussopt ; Bruno Le Maire ; Geneviève Darrieussecq ; Annick Girardin ; Brigitte Bourguignon. Avec tant de députés devenus ministres, l'on se serait cru sous la Quatrième République. Car, à l'époque, comme dans tous les pays parlementaires, les ministres étaient d'abord des députés (ou des sénateurs). Certes, des femmes ont pu être secrétaires d'État avant de devenir électrices et éligibles. En bonne logique, elles n'étaient pas des parlementaires.

58) C'est le cas du député Jacques Savatier et de la députée Brune Poirson lors de la précédente législature (2017-2022). Peut-être auront-ils toujours comptés dans le quorum parlementaire.

9. – Le mauvais procès contre l'absentéisme des députés et sénateurs.

Des citoyens chatouilleux sur la question de l'assiduité parlementaire ont décidé de mettre en place des observatoires et des sites Internet comptabilisant l'absentéisme des élus. Ils entendent plus précisément mettre en œuvre le concept anglo-saxon du *« Name and Shame »*. Ce qui revient à publier la liste des absentéistes, de façon que la gêne qu'ils ressentiront les pousse par la suite à davantage de régularité physique au sein de leur chambre parlementaire (59).

Les intéressés trouvent toutefois injustes les mesures inquisitoriales dont ils font ainsi l'objet. D'abord, parce que malgré leur apparente absence (au sein de l'hémicycle), ils sont quand même en train de travailler dans l'enceinte de l'Assemblée Nationale ; notamment dans l'une des commissions. Ensuite, les électeurs veulent des élus de proximité ; c'est-à-dire des élus qui sont souvent dans leur permanence locale.

Or, le cas échéant, il devient impossible au parlementaire de se trouver parallèlement à Paris (60). Sans doute leur manque-t-il le don d'ubiquité, comme d'ailleurs au commun des mortels.

---

59) Julien NAVARRO, Nicolas Gérard VAILLANT et François-Charles WOLFF, Mesurer l'efficacité des députés au sein du Parlement français, L'apport des techniques de frontières non paramétriques, Presses de Sciences Po (P.F.N.S.P.), *Revue française de science politique,* 2012/4 Vol. 62, pages 611 à 636, https://www.cairn.info/revue-francaise-de-science-politique-2012-4-page-611.htm. Selon, ces auteurs, au Parlement européen, il y aura eu le site « Parlorama », lequel se serait sabordé à la suite critiques, pressions et menace de députés.

60) Propos de Jean-Christophe CAMBADÉLIS, ancien Premier secrétaire du Parti socialiste et député honoraire, recueillis par Noufissa Charaï (https://www.parti-socialiste.fr/interview-de-j-c-cambadelis-dans-lobservateur-du-maroc-et-dafrique/).

10. – Les astuces des députés pour surmonter ou exploiter l'absentéisme de collègues.

Afin de toujours être en plus grand nombre que les élus de l'opposition, la majorité demande à ses assistants parlementaires de procéder fréquemment à un pointage de l'effectif. Alors, si nécessaire, ils feront sonner le rappel des députés absents, et peut-être en train de travailler dans leur bureau-chambre, ou bien de discuter dans une commission.

Malheureusement, l'opposition peut recourir au *"coup du rideau"*. Récemment (3 janvier 2022), un célèbre journal du soir aura ainsi proposé ce titre à ses lecteurs : *« Qu'est-ce que le "coup du rideau" qui a suspendu l'examen du projet de loi sur le pass vaccinal à l'Assemblée nationale ? »* (61).

En voici l'explication : pour accéder à leur hémicycle, les députés franchissent d'épais rideaux (rouges). Or quelques députés (de l'opposition) s'y arrêtent (s'y dissimulent), afin d'endormir la vigilance de la majorité. Celle-ci sera à tort rassurée quant à son surnombre comparativement à l'opposition. L'excès de confiance fera même que certains d'entre eux sortiront de l'hémicycle, afin d'aller vaquer à d'autres occupations.

61) Marie SLAVICEK : « *La manœuvre repose sur l'effet de surprise et consiste à faire croire à la majorité qu'elle reste majoritaire dans l'hémicycle. Concrètement, quand ils sentent qu'ils ont une chance d'être majoritaires, ce qui est rare, les députés de l'opposition arrivent en nombre pile au moment du vote pour mettre en minorité la majorité* ». (https://www.lemonde.fr/politique/article/2022/01/04/qu-est-ce-que-le-coup-du-rideau-qui-a-suspendu-l-examen-du-projet-de-loi-sur-le-passe-vaccinal-a-l-assemblee-nationale_6108176_823448.html).

Mais c'est alors qu'en vue du vote qui leur semblera stratégique, les opposants cachés (derrière le rideau) jailliront et l'emporteront (momentanément) sur la majorité (62).

B. – Le quorum dans les associations sans but lucratif

11. – Les dangers d'un quorum dans la plupart des associations.

Généralement, l'implication personnelle dans une activité décroît au fil du temps. À la longue, l'engouement initial des sociétaires et des associés, pour les réunions de leurs instances, se mue (progressivement) en absentéisme.

Concrètement, c'est *« un absentéisme chronique, au point que le fonctionnement de l'association puisse s'en trouver gravement compromis »* (63). Certes, le fait qu'il y ait *« un quorum garantit la représentativité et l'autorité des assemblées en évitant que les décisions soient prises par une trop petite fraction des membres »* (64).

Le quorum permet plus particulièrement d'obvier le risque représenté par des sociétaires activistes désireux de tout remodeler à leur

---

62) À la suite des élections de juin 2022, le parti du Président Macron et les partis alliés n'ont pu réunir plus de la moitié des sièges de députés. Les macronistes sont certes plus nombreux que les autres groupes parlementaires, mais leurs projets de loi nécessitent désormais l'appoint de quelques votes (dissidents) de l'opposition. Lors de son premier mandat présidentiel, ses députés (macronistes) étaient tellement nombreux qu'ils pouvaient se passer du concours de ses alliés, dont les députés du MODEM de François Bayrou.

63) Philippe VIUDÈS, Danger d'un quorum élevé, *Juris associations* 2017, n°553, p.34.

64) Xavier DELPECH, *Juris Corpus Droit des associations et fondations*, Étude 11 - Assemblées générales ; Œuvre collective sous la direction de PHILIPPE-HENRI DUTHEIL, juillet 2019.

convenance (65). Mais, dit l'adage, « *le mieux est parfois l'ennemi du bien* ».

Car le quorum se révélera de plus en plus difficile à réunir. De plus, avec le temps, les sociétaires venus à des réunions avortées (faute de quorum) ne se déplaceront probablement plus par la suite (66).

12. – L'idée d'un quorum facile à atteindre malgré des absentéistes.

Les auteurs invitent les rédacteurs de statuts à tempérer leur exigence en matière de quorum. Certes le respect de celui-ci paraît facile dans une association où tous les membres brûleraient d'envie d'aller débattre entre eux. Au contraire, il se révèlera inaccessible lorsque beaucoup de ces membres traîneront des pieds pour gagner le lieu de réunion.

Ainsi, écrit un auteur : « *Un quorum trop élevé peut rendre impossible la tenue d'une AG ou créer d'importantes perturbations puisque, en principe, le quorum doit être respecté pendant toute la durée de l'AG, ce qui rend périlleux le fait que certains sociétaires quittent l'assemblée avant sa clôture...* » (67). D'après un autre auteur, « *il ne faudrait pas, qu'en raison de l'absentéisme des sociétaires, l'exigence d'un quorum empêche l'adoption de décisions nécessaires au fonctionnement régulier, voire à la survie, de l'association* » (68).

---

65) Philippe VIUDÈS, précité.

66) Trop souvent, les associés et sociétaires qui auront stoïquement fait le déplacement attendent longtemps, dans un certain brouhaha, l'ouverture de la séance. Explication autre que la désorganisation : un intermède obligatoire entre une première réunion, avortée pour défaut de quorum, et la suivante, tenue le même jour.

67) Philippe VIUDÈS, précité : « *quorum élevé « est un souci louable et parfois très compréhensible dans certaines associations, en raison de leur objet ou de leur taille. Mais dans nombre de cas, il faut raison garder !* ».

68) Xavier DELPECH, précité.

13. – Le moment de l'atteinte du quorum lors de l'assemblée.

C'est à l'ouverture de la séance que le quorum doit déjà exister. Le Bureau directeur (ou son secrétaire) s'en assure par un regard sur la feuille d'émargement (69). C'est seulement lorsque cette exigence initiale est satisfaite que les délibérations peuvent commencer.

Alors, celles qui auront été adoptées seront valables ; à moins que la preuve contraire du défaut de quorum soit rapportée. Précisément, n'importe quel sociétaire a le droit de solliciter un nouveau décompte. Par exemple s'il y a eu des entrées et sorties. Naturellement, parce que les premières (les entrées) renforcent le quorum et la majorité, elles ne posent pas systématiquement problème. Ce sont les secondes (les sorties) qui ont le tort de compromettre l'un puis l'autre (70).

On sait que, *« [...] juridiquement, le vote doit intervenir séparément sur chaque résolution, avec une vérification du quorum résolution par résolution, et être suivi du décompte des voix pour chaque résolution ou amendement. L'avantage de cette méthode est de rendre impossible les votes contradictoires, car l'assemblée est éclairée lors du vote de chaque amendement ou résolution par la proclamation des résultats du scrutin sur les amendements ou résolutions déjà adoptés »* (71).

14. – La suffisance de la majorité absolue et parfois de la majorité relative.

La cour d'appel de Colmar a reconnu leur pleine valeur juridique à des délibérations adoptées avec une simple majorité relative de sociétaires. Selon elle, si les statuts n'envisagent pas de quorum

---

69) Brigitte CLAVAGNIER, La tenue de l'assemblée générale, *JA* 1992, n°69, p.14 ; Philippe VIUDÈS, Tenir l'assemblée générale, *JA* 2017, n°553, p.34.

70) Xavier DELPECH, précité.

71) Jean-Paul VALUET, Le bureau de l'assemblée générale des actionnaires, *Rev. sociétés* 2012. 543.

(préalablement à l'adoption des décisions), il n'y a pas à en exiger aux membres qui auront fait le déplacement. Par conséquent, s'imposeront les choix de ces rares présents et représentés (72).

Pour sa part, la cour d'appel de Besançon (4 juin 2008) avait retenu la suffisance de la moitié de membres d'une instance, relativement à une *« union des médecins exerçant à titre libéral »*. C'était des organismes de droit privé alors réglementés par le Code de la santé publique. Si ce Code se contentait de la moitié au moins de membres présents ou représentés, un règlement intérieur avait toutefois prévu un quorum plus élevé.

Dans leur arrêt, les conseillers Bisontins commencèrent alors par préciser que : *« les règles relatives au quorum nécessaire à la validité des délibérations […] doivent être conformes à ce qui est fixé par le Code, lequel n'a pas réservé de possibilité de dérogation à cet égard »*. Or, en pur droit, ont-ils poursuivi *« lesdites délibérations ne souffrent aucune critique de régularité »* (73).

En l'espèce, quinze membres était présents ou représentés sur 30 ; soit la moitié des membres de l'Assemblée.

15. – L'obligation d'un quorum seulement pour les associations reconnues d'utilité publique.

Les rédacteurs des statuts de toute association se rappelleront qu'aussi bien le décret d'application de la loi du 1er juillet 1901, que cette loi elle-même, n'imposent de quorum (74). Dit autrement : les décisions collectives d'une association peuvent valablement provenir du peu

---

72) Cour d'appel de Colmar, 16 oct. 2013, no 12/02507.

73) Cour d'appel de Besançon, chambre civile 2, 4 juin 2008, n° de RG : 07/00432.

74) « *Que ce soit pour la validité des délibérations des assemblées générales ou celles des conseils d'administration, la loi du 1er juillet 1901 n'impose aucun quorum* » (Nathalie BOURZAT-ALAPHILIPPE, Quorum, JS 2022, n°232, p.47).

de présents qu'il y aura ; et donc malgré la grande masse des absents.

Bien entendu, il en ira autrement si les statuts ont cru devoir prévoir un quorum pour délibérer valablement (75). C'est le cas pour les associations reconnues d'utilité publique, dont le tiers au moins (34 %) des membres du conseil d'administration doivent être présents. Elles se conforment ainsi à des statuts types imaginés par les pouvoirs publics.

Le Conseil d'État (28 avril 2020) a en effet adopté un projet de statuts types des associations reconnues d'utilité publique. Dans son article 9 on lit : *« La participation du tiers au moins des membres du conseil d'administration est nécessaire pour la validité des délibérations [> 34 %]. Pour le calcul de ce quorum, les pouvoirs [les mandats ou procurations] ne comptent pas »* (76).

Dès lors que seuls les administrateurs physiquement présents sont pris en considération, l'atteinte du bon nombre de participants apparaît difficile à satisfaire. Le quorum est ainsi donc implicitement plus élevé qu'il n'y paraît.

---

75) Xavier DELPECH, *Juris Corpus Droit des associations et fondations*, Étude 11 - Assemblées générales ; Œuvre collective sous la direction de PHILIPPE-HENRI DUTHEIL, juillet 2019.

76) https://www.interieur.gouv.fr/content/download/123354/988842/file/2020-statuts-type-arup-associations-reconnues-d-utilite-publique.pdf : *« Sont réputés présents au sens de l'alinéa précédent les membres du conseil d'administration qui participent par des moyens de visioconférence ou de télécommunication permettant leur identification et leur participation effective à une délibération collégiale, dans des conditions précisées par le règlement intérieur »*. Une mise à jour au 1er juillet 2022 existe.

LES EFFETS DE LA CONTESTATION JURIDICTIONNELLE DU QUORUM

Clotaire MOULOUNGUI
Maître de conférences hors classe à l'ULCO (académie de Lille)
Ancien Chef du Département Gestion des Entreprises et des Administrations
Responsable de la licence professionnelle Métiers de la Gestion et du Social

Résumé : Malgré l'amitié et la parenté entre des protagonistes, leurs différends ne reçoivent pas systématiquement un règlement amiable. L'évolution des mœurs va même plutôt dans le sens d'une forte judiciarisation dans la plupart des domaines ; notamment dans le fonctionnement des associations et des sociétés. Des assemblées générales formalisées s'imposent. Dès lors, l'inobservation des règles correspondantes sera probablement soumise aux cours et tribunaux. S'agissant d'une contestation de quorum, le résultat obtenu sera surtout une annulation. Voici les concepts juridiques par ailleurs susceptibles d'être mobilisés : la confirmation ; la prescription ; les dommages-intérêts ; les amendes.

Mots clefs : Quorum ; délibérations ; décision sans majorité ; annulation ; dommages-intérêts.

Abstract : Despite the friendship and kinship between the protagonists, their disputes are not always resolved amicably. In fact, evolving morals are tending towards a strong judicialization in most areas, particularly in the operation of associations and companies. Formalized general meetings are required. Therefore, failure to comply with the corresponding rules will likely be brought before the courts. In the case of a quorum dispute, the outcome will most likely be annulment.

The following legal concepts are also likely to be used: confirmation; prescription; damages; fines.

Keywords : Quorum; deliberations; decision without majority; annulment; damages.

1. – Le défaut de quorum et ses conséquences autres que l'annulation.

Malgré l'amitié et la parenté entre des protagonistes, leurs différends ne reçoivent pas systématiquement un règlement amiable. L'évolution des mœurs va même plutôt dans le sens d'une forte judiciarisation dans la plupart des domaines (77). D'un autre côté, les copropriétaires d'un navire (les quirataires) étaient originellement des marins naviguant ensemble dans leur embarcation commune ; ils décidaient donc ensemble des mesures utiles (à prendre).

Faute d'unanimité, lorsqu'il s'agissait d'actes de gestion, ou plus prosaïquement d'actes conservatoires, la simple majorité suffisait. On se doute que le quorum était systématiquement atteint, et que leurs mésententes passagères se réglaient autour d'un verre. Mais dorénavant, des investisseurs se sont rajoutés aux marins.

De plus, la marche courante de l'affaire est désormais prioritairement dévolue à un gérant, lequel est plutôt un *''terrien''* (78). Des

---

77) Anne LAUDE et Didier TABUTEAU, La judiciarisation de la santé, *D.* 2013. 356 ; Xavier LABBÉE, La judiciarisation du PACS et du concubinage, *D.* 2009. 2053.

78) « *Le gérant est alors devenu utile, sinon indispensable. Ses pouvoirs sont importants et doivent se conjuguer avec les droits des quirataires eux-mêmes* » (François PASQUALINI, Navire : copropriété, Répertoire de droit commercial, octobre 2008).

assemblées générales plus formalisées s'imposent par conséquent. Dès lors, l'inobservation des règles correspondantes sera probablement soumise aux cours et tribunaux. S'agissant d'une contestation de quorum, le résultat obtenu sera surtout une annulation.

Voici les concepts juridiques par ailleurs susceptibles d'être mobilisés : la confirmation ; la prescription ; les dommages-intérêts ; les amendes.

A. – L'annulation comme débouché habituel du quorum insatisfait

2. – Le rappel des quorums dans les trois catégories d'assemblées des sociétés.

À propos des sociétés anonymes, le Code de commerce indique trois principales séries de nullités de leurs assemblées générales, pour défaut de quorum (79). Celui-ci est d'ailleurs différent selon le type d'assemblée générale. En effet, dans une assemblée générale extraordinaire (AGE), la délibération n'est valable que si les actionnaires présents (ou représentés) possèdent des actions ayant le droit de vote dans la proportion de 25 %, sur première convocation, et 20 % sur seconde convocation (80).

Pour une assemblée générale ordinaire (AGE), les actions des présents et des représentés doivent équivaloir à 20 % au moins sur première convocation, et seulement 1 %, lors d'une seconde réunion de rechange (81). S'agissant (troisièmement) d'une assemble générale

79) Code de commerce, article L225-121.

80) Code de commerce, article L225-96, alinéa 2. A défaut de ces 20 %, la deuxième assemblée « *peut être prorogée à une date postérieure de deux mois au plus à celle à laquelle elle avait été convoquée* ». On notera que malgré la difficulté prégnante de satisfaire le quorum, ce texte autorise les sociétés dont les actions ne sont pas admises aux négociations sur un marché réglementé, à prévoir des quorums plus élevés, dans leurs statuts.

81) Code de commerce, article L225-98, alinéa 2. Le taux de 1 % aidera à retenir que : « *Sur deuxième convocation, aucun quorum n'est requis* ».

spéciale (AGS), destinées aux détenteurs de certaines catégories d'actions, sur première convocation, le quorum est du tiers, c'est-à-dire d'au moins 34 %.

La deuxième convocation se contente toutefois du cinquième des actions, c'est-à-dire 20 %, comme pour les AGE (82).

3. – La hantise du droit des sociétés pour les annulations.

Selon la jurisprudence commerciale, il faut éviter de prononcer l'annulation d'actes ou de délibérations d'une personne morale. Sauf au cas de violation d'une disposition impérative ; c'est-à-dire l'irrespect d'une disposition peut-être contenue dans l'une des lois régissant les contrats ; ou bien dans la subdivision du Code de commerce consacrée aux sociétés commerciales et assimilées (83).

Relativement à celles-ci, la solution se fonde sur les articles L227-9 et 235-1 du Code de commerce (84). Concernant les sociétés civiles, la

---

Ainsi, 0 % aurait dû être retenu comme quorum. Mais, il faut quand même un actionnaire au moins à la seconde assemblée.

82) Code de commerce, article L225-99, alinéa 3. Ici encore, pour « *les sociétés dont les actions ne sont pas admises aux négociations sur un marché réglementé, les statuts peuvent prévoir des quorums plus élevés* ».

83) CASS. COM, 26 avril 2017, pourvoi n° 14-13554, Sociétés Acanthe développement et Vénus : « *sous réserve des cas dans lesquels il a été fait usage de la faculté, ouverte par une disposition impérative, d'aménager conventionnellement la règle posée par celle-ci, le non-respect des stipulations contenues dans les statuts ou dans le règlement intérieur n'est pas sanctionné par la nullité* ». Le livre II du Code de commerce est intitulé : « *Des sociétés commerciales et des groupements d'intérêt économique* ».

84) Article L227-9 : « *Les statuts déterminent les décisions qui doivent être prises collectivement par les associés dans les formes et conditions qu'ils prévoient » (alinéa 1). « Les décisions prises en violation des dispositions du présent article peuvent être annulées à la demande de tout intéressé* » (alinéa 4).

tolérance, et donc l'exclusion de l'annulation systématique, est à trouver dans l'article 1844-10 du Code civil (85).

La violation d'une prescription des statuts ou du règlement intérieur n'implique pas forcément l'annulation. Certes, il faut réserver le cas où la stipulation conventionnelle ignorée résulterait de la faculté ouverte aux intéressés d'aménager une disposition impérative (86). Car celle-ci communiquera à celle-là sa rigoureuse sanction extinctive.

Par ailleurs *« la nullité de la société [une SARL ou une S.A.] ne peut résulter ni d'un vice de consentement ni de l'incapacité, à moins que celle-ci n'atteigne tous les associés fondateurs »* (87). Puisque la nullité ne peut résulter que de la violation d'une disposition impérative, il faut alors se demander si le quorum relève de ce cadre.

4. – Une annulation pour défaut de quorum dans les deux ordres de juridictions.

Que décide le juge à qui l'on soumet des délibérations ou des élections survenues sans respect du quorum prévu ? S'il s'agit du juge

---

85) « *[...] il résulte des dispositions de l'article 1844-10 du code civil que la nullité des actes ou délibérations des organes d'une société civile ne peut résulter que de la violation d'une disposition impérative du titre neuvième du livre troisième du code civil ou de l'une des causes de nullité des contrats en général* » (CASS. COM, 20 septembre 2017, pourvoi n° 15-22735).

86) « *[...] sous réserve des cas dans lesquels il a été fait usage de la faculté, ouverte par une disposition impérative, d'aménager conventionnellement la règle posée par celle-ci, le non-respect des stipulations contenues dans les statuts ou dans le règlement intérieur n'est pas sanctionné par la nullité* ». (CASS. COM., 26 avril 2017, n° 14-13.554, Sociétés Acanthe développement et Vénus).

87) Code de commerce, article L235-1 alinéa 1.

administratif, il répond qu'elles sont entachées d'illégalité ; d'où leur annulation en conséquence (88).

Le juge judiciaire apporte une réponse identique à propos des sociétés. Par exemple, à propos d'une SARL, dont l'un seulement des associés, aura décidé tout seul, sur première convocation, alors qu'il ne possédait que la moitié des parts sociales (89).

L'annulation n'est pas encourue uniquement en cas de décision solitaire, comme en l'espèce (90). Effectivement, une résolution d'assemblée sera également annulée quand, sur première convocation, les associés se seront contentés de moins que la majorité absolue (91). Il est entendu que le nombre de participants (ou plutôt de titres) perd de son importance juridique lors d'une seconde assemblée générale ordinaire, organisée en rattrapage de la première, qui était dépourvue de quorum.

5. – L'annulation suspensive et la confirmation potentielle en droit des sociétés.

Dans un souci de sécurité juridique, le législateur entend limiter les nullités (opposables) en matière de constitution et de fonctionnement des sociétés. On le voit par exemple dans l'article L235-4 du Code de commerce.

---

88) CONSEIL D'ÉTAT, 11 avril 1986, Commune de Louchats, req. n° 60580. Cf. Jean-Pierre COURTEJAIRE et Michel VERPEAUX, L'élection des présidents des assemblées locales et le quorum, *AJDA* 2004 p.954.

89) Cour d'appel de Paris, 8 juin 1994, RJDA 11/1994, no 1154 ; *Rev. sociétés* 1994. 787, obs. Guyon ; Dr. sociétés oct. 1994, no 176, obs. Le Nabasque. Cf. Code de commerce, article L223-29.

90) C'est plus le défaut de majorité (que de quorum) qui est ici sanctionné à propos d'une SARL classique. Étant entendu qu'une coopérative pourrait adopter cette forme et y introduire un formalisme.

91) Cour d'appel de Versailles, 3 déc. 1986, Bull. Joly 1987. 298. Cf. Deen GIBIRILA, Société à responsabilité limitée, *Répertoire de droit des sociétés*, octobre 2016.

En effet, dit l'alinéa 1 de celui-ci, *« le tribunal de commerce, saisi d'une action en nullité, peut, même d'office, fixer un délai pour permettre de couvrir les nullités. Il ne peut prononcer la nullité moins de deux mois après la date de l'exploit introductif d'instance »*. L'alinéa suivant précise que *« si, pour couvrir une nullité, une assemblée doit être convoquée ou une consultation des associés effectuée, et s'il est justifié d'une convocation régulière de cette assemblée ou de l'envoi aux associés du texte des projets de décision accompagné des documents qui doivent leur être communiqués, le tribunal accorde par jugement le délai nécessaire pour que les associés puissent prendre une décision »*.

Il est certain que le défaut de majorité adaptée sera couvert. Aucune raison ne justifie que la même solution ne vaille pour le quorum raté. Théoriquement, en matière de copropriété, des annulations pourraient être prononcées pour vice de forme et pour abus de majorité. En pratique, il y a peu de cas où ce formalisme pourrait se déployer.

D'un autre côté, l'annulation pour abus de majorité suppose de percer des intentions cachées. De sorte que sur cette base-là, il y a rarement des décisions d'annulation (92).

6. – La neutralité de la confirmation d'une délibération sur l'action en justice déjà intentée.

Supposons qu'une délibération soit annulable du fait de l'insuffisance des participants. L'annulation restera-t-elle encourue si, postérieurement, il y a confirmation de cette délibération à l'occasion d'une réunion satisfaisant cette fois les conditions de quorum et de majorité ? À minima, la décision de validation (la décision confirmative) devrait ôter au demandeur tout intérêt à agir.

---

92) François PASQUALINI, Navire : copropriété, *Répertoire de droit commercial*, octobre 2008.

Cependant, telle ne semble pas être la jurisprudence en vigueur. Effectivement, « *la réitération des décisions, dont l'annulation est demandée par une assemblée générale postérieure contre laquelle un recours a été formé, ne fait pas obstacle à la recevabilité de l'action en nullité exercée contre les assemblées antérieures* » (93).

Il y a ainsi recevabilité de la demande. Avec ensuite une possibilité d'annulation ? Oui probablement. Car, pourquoi examiner une cause si l'annulation demandée ne peut être accordée (94).

Le droit pénal semblera alors plus doux, lui qui balance entre (le crucial) désistement volontaire et (l'indifférent) repentir actif (95). Passe encore que les intéressés à l'affaire prennent des décisions de nature à contrecarrer la procédure en cours. Or, dans sa toute puissance, le législateur adopte parfois des lois de validation venant percuter une jurisprudence peut-être rebelle, et plus sûrement des situations déjà constituées.

L'incertitude du droit et donc l'insécurité juridique menace dès lors les justiciables ; leurs prévisions risqueront d'être déjouées. Encore que

---

93) Florence BAYARD-JAMMES, *La copropriété* / Section 2 - Exercice de l'action en nullité — 2018/2019.

94) En d'autres termes, le juge qui traitera l'affaire au fond sera susceptible de prononcer l'annulation.

95) Sommaire : « *Lors d'un différend conjugal, après avoir porté des coups, le mari asperge son épouse d'alcool à brûler et enflamme ses vêtements avant de l'aider à s'en défaire. La victime ayant déposé plainte tardivement, les actes de violences volontaires sont prescrits et seule la qualification de tentative de meurtre reste possible. La chambre de l'instruction la rejette au motif que l'agent a opéré un désistement volontaire* » (Cass. Crim, 27 mars 2019, n° 18-82.484). Selon le commentateur de cet arrêt, « *La Chambre criminelle obscurcit, inopportunément, la distinction entre désistement volontaire et repentir actif* » (Jean-Claude PLANQUE, Désistement ou repentir... on ne peut choisir ! AJ pénal 2019. 446).

le droit européen puisse offrir un supplément de sérieux dans la légistique future (96).

7. – La validation du quorum atteint grâce à des administrateurs cooptés à tort.

En application de l'effet extinctif de l'annulation, si une délibération irrégulière est annulée, les décisions qui auront été prises sur son fondement manqueront dorénavant de base juridique (97). Leurs signataires devraient par conséquent en répondre personnellement. S'agissant de la société elle-même, la théorie du mandat apparent lui sera applicable (98).

Cela étant, le conseil d'administration se compose d'un certain nombre d'administrateurs. Or l'un ou plusieurs d'entre eux peuvent décéder ou démissionner. Le cas échéant, il faut désigner (coopter) des administrateurs provisoires. Ces derniers seront ensuite

---

96) « *La stratification des sources de droit, tant les normes constitutionnelles naissantes visant à protéger les droits des contractants que les règles européennes, devrait conduire tôt ou tard à la raréfaction des lois de validation applicables aux contrats faisant l'objet d'une procédure en cours* » (Sandrine DRAPIER, Réflexions sur la légitimité des lois de validation en matière contractuelle, LPA 9 févr. 2001, n° PA200102901, p. 4).

97) Sur d'autres thèmes (que le défaut de quorum) le Conseil d'État a élaboré la théorie des fonctionnaires de fait, laquelle permet de sauver quelques actes administratifs accomplis par une personne (incompétente) n'ayant pas qualité pour les accomplir. Pour la première fois, il s'est agi de valider les mariages de jeunes gens appelés à la guerre et qui souhaitaient régulariser leur situation matrimoniale avant de peut-être bientôt mourir. Cf. Jean HAUSER, La forme : les mariages de Montrouge ont plus d'un siècle ! *RTD civ.* 1993. 562 ; Thalia BRETON, La guerre saisie par le droit : la doctrine de Gaston Jèze, *RFDA* 2012. 161).

98) Ce qui supposera que les tiers victimes pouvaient raisonnablement se tromper et que le pseudo-mandant aura contribué au quiproquo. Cf. Deen GIBIRILA, Société à responsabilité limitée, *Répertoire de droit des sociétés*, octobre 2016, n° 549.

(éventuellement) confirmés par l'assemblée générale, seule compétente pour nommer les administrateurs. Mais peut-être celle-ci préférera désigner d'autres que ceux pressentis et cooptés provisoirement.

Problème : quel sort réserver aux décisions auxquelles les administrateurs (finalement mal venus) non confirmés, auront participé ? Le Code de commerce répond que : *« À défaut de ratification [des cooptations], les délibérations prises et les actes accomplis antérieurement par le conseil n'en demeurent pas moins valables »* (99).

Si la volonté d'évincer (de ne pas confirmer) ces administrateurs avait eu un effet rétroactif, des réunions du conseil d'administration se seraient finalement avérées sans quorum, et donc illégales. Comme déjà dit au début de ce point, dans d'autres domaines, il est arrivé que le sauvetage de la décision résulte d'une loi de validation adoptée par le Parlement à la demande du Gouvernement. Ce qui est critiquable et critiqué (100).

99) Code de commerce, article L225-24, alinéa 5. Cette disposition est bien et pertinente sage, car elle évite des annulations en cascade d'actes fondés sur la délibération annulée. Des lois de validation ont parfois été adoptées pour faire échapper les décisions de jurys de facultés de médecine de l'annulation par le juge administratif. Encore que (paradoxalement) la Cour de cassation (7 août 1883) ait élaboré la théorie du fonctionnaire de fait pour sauver des mariages célébrés par un conseiller qui n'en avait pas reçu régulièrement délégation. Or les mariés étaient des soldats morts pour la France ; leur enfant risquait d'être qualifié de batard, et leur femme de fille-mère (ou de vieille fille).

100) Sandrine DRAPIER, Réflexions sur la légitimité des lois de validation en matière contractuelle, précitée.

8. – Le respect du quorum pour un avis sur la sanction disciplinaire appropriée.

Une nullité par ricochet a découlé d'une des affaires dont la cour d'appel d'Aix-en-Provence (19 mai 2017) aura eu à connaître. À savoir le licenciement d'une technicienne de la CPAM des Bouches-du-Rhône. Pour commencer, cet employeur social ne pouvait sanctionner la salariée sans avoir au préalable consulté *« le conseil de discipline régional »*, lequel devait lui suggérer la peine appropriée.

Ce qui fut le cas. Mais si dans cette affaire l'obtention de l'avis était obligatoire, en revanche son strict respect ne l'était point (101). Ainsi, lors même qu'elle avait reçu un avis de rétrogradation, notre CPAM préféra-t-elle opter pour le licenciement (ainsi qu'elle en avait le droit).

Mais, afin d'échapper à cette sanction radicale, la technicienne avança que, *« lors de la séance [consultative pour avis], les conditions de quorum et de parité entre les représentants de l'employeur et des salariés n'étaient pas réunies »* (102). Ce qui était vrai.

---

101) Afin que les instances publiques prennent toujours les décisions les plus appropriées possibles, les textes qui les instituent leur permettent de solliciter des avis. Ce partage d'informations sur un dossier, avec un autre organe public, ne constitue pas une violation du secret professionnel, ni un refus d'exercer sa propre compétence. On distingue trois types d'avis, dont le premier a deux appellations : l'avis consultatif ou avis facultatif ; l'avis obligatoire ; l'avis conforme. Ce dernier doit non seulement être sollicité, mais par ailleurs être suivi ; du moins si le processus de décision va jusqu'à son terme.

102) C'est vrai que *« selon l'article 48 de la convention collective nationale de travail du 8 février 1957 du personnel des organismes de sécurité sociale, le conseil de discipline ne peut valablement délibérer que si le quorum est atteint dans chaque collège et si la parité est assurée ; qu'à défaut, le conseil de discipline se réunit à nouveau dans un délai maximum de huit jours francs et se prononce à la majorité des membres présents »*.

Par conséquent, la Cour de cassation (30 janvier 2019) rejeta le pourvoi patronal formé contre l'arrêt de la cour d'appel d'Aix ; un arrêt qui donnait déjà raison à la salariée. En l'espèce, la cour d'appel aura *« exactement déduit que l'avis émis par cette instance n'était pas conforme aux exigences conventionnelles en sorte que le licenciement était dépourvu de cause réelle et sérieuse »* (103).

Au fond, la nullité du licenciement aurait pareillement été déduite du défaut de quorum, même si en l'espèce la CPAM avait fidèlement suivi l'avis reçu (la rétrogradation).

9. – La reconnaissance nulle de la maladie professionnelle par un comité incomplet.

Après avoir recueilli l'avis d'un comité régional de reconnaissance des maladies professionnelles, la CAISSE PRIMAIRE D'ASSURANCE MALADIE DE LA SOMME (13 mars 2011) avait pris en charge la maladie hors tableau déclarée, d'un salarié de la SOCIÉTÉ VALEO EMBRAYAGES. Or cet employeur aura ensuite contesté le caractère professionnel de l'affection. Pour parvenir à ses fins, il aura critiqué la composition du comité à la date de sa délibération favorable au salarié.

La cour d'appel d'Amiens (26 mai 2015) lui donna raison (sur ce point), car l'un des membres du comité avait bien été absent. Solution conforme de la part de la Cour de cassation (0 février 2017). Pour elle aussi, *« le comité régional de reconnaissance des maladies professionnelles ne peut régulièrement émettre un avis que lorsqu'il est composé [au complet] conformément aux dispositions de l'article D461-27 du code de la sécurité sociale »* (104).

---

103) CASS. SOC., 30 janvier 2019, pourvoi n° 17-21748.

104) CASS. CIV. 2, 9 février 2017, pourvoi n° 15-21986, SOCIÉTÉ VALEO EMBRAYAGES. Aux termes de l'article D461-27, alinéa 2 : « *le comité régional [trois membres] peut régulièrement rendre son avis en présence de deux de ses membres. En cas de désaccord, le dossier est à nouveau soumis*

Le tort de l'absentéisme survenu est de maintenir le salarié malade dans le doute sur le bénéfice (ou non) d'une prise en charge plus protectrice.

10. – L'effectivité nécessaire de la nullité prévue par les statuts de l'association.

L'annulation de délibérations et d'actes (une exception pour les sociétés civiles et commerciales) semble être de principe pour les associations (105).

En effet, *« si les statuts ont institué des règles de quorum, leur respect constitue alors une condition substantielle de validité des délibérations adoptées. Toute décision adoptée sans que le quorum requis par les statuts n'ait été respecté est susceptible d'être annulée »* (106).

De fait, l'irrégularité de la convocation de l'assemblée ne se répercutera sur la validité de l'assemblée survenue que si (par ailleurs) les

---

pour avis à l'ensemble des membres du comité ». Selon l'alinéa suivant : « Pour les pathologies psychiques, le médecin-conseil ou le comité fait appel, chaque fois qu'il l'estime utile, à l'avis d'un médecin spécialiste ou compétent en psychiatrie ».

105) Originellement, l'exigence d'un écrit pour prouver contre un débiteur s'expliquait par le fait que, contrairement aux personnes rompues aux affaires (industrielles ou commerciales), un particulier ne mesurerait pas clairement les enjeux de son engagement. Dès lors, un écrit les lui mettrait bien en face des yeux. Curieusement, la même surprotection se retrouve dans les associations où les annulations sont courantes, alors qu'elles sont évitées au maximum dans les sociétés commerciales. On aurait pu croire que le sérieux et la rigueur attendues des sociétés conduisent plus facilement à des annulations auxquelles il ne faut pas soumettre exagérément les amateurs bénévoles des associations.

106) Xavier DELPECH, *Juris Corpus Droit des associations et fondations*, Étude 11 - Assemblées générales ; Œuvre collective sous la direction de PHILIPPE-HENRI DUTHEIL, juillet 2019. L'auteur s'appuie sur cet arrêt : Versailles, 1re ch., 30 juin 2011, RG no 10/03018 ; *JA* no 467/2012, p. 48.

conditions de quorum n'ont pas été remplie (107). En d'autres termes, le juge n'a pas à se montrer intransigeant alors que l'assemblée aura pu se dérouler harmonieusement, et que la consultation aura été sincère.

La Cour de cassation (27 février 2013) avait mis à part l'hypothèse de la nullité clairement stipulée dans les statuts ; pour le cas d'information insuffisante des sociétaires sur la tenue prochaine d'une assemblée générale (108).

Au fond, une position différente, s'agissant d'une stipulation statutaire claire, aurait semblé être une licence pour des dénaturations par les juges du fond.

11. - Les motifs d'une tentative de maintien des délibérations d'une association.

Dans une affaire, des conseillers palois avaient commencé par rappeler (à l'appelant et à l'intimé) que les sociétaires doivent exécuter de bonne foi les règles contenues dans les statuts de leur association. Or, ceux-ci ne contenaient *« aucune disposition quant aux conséquences d'un défaut de respect de ces règles »*.

Voilà pourquoi, ont dit ces magistrats de la cour d'appel de Pau (15 mai 2007), il convenait de revenir aux *« règles qui régissent le droit commun des contrats »*. Précisément, en vertu de celles-ci, c'est une nullité relative qui s'imposait. La raison est que les formalités statutaires répondaient *« à la protection des intérêts privées des membres de l'association »*.

107) Cour d'appel de Versailles, 7 février 2002, Bakhata c/ Comité des musulmans de Poissy : Dr. sociétés 2002, no 189, note Lucas ; RJDA 6/2002, no 651.

108) CASS. CIV. 1, 27 février 2013, n° 11-29.039 ; B*JS* 2013. 497, note Julienne ; Dr. soc. 2013, no 117, note Hovasse.

De plus, et sans doute parce que l'association avait toujours « *fonctionné en marge des règles fixées aux statuts* », la cour d'appel s'est crue en présence d'une modification implicite de ces règles statutaires. D'où le maintien des délibérations attaquées (malgré leur illicéité manifeste).

Le motif de l'arrêt était plus exactement « *que la nullité n'a lieu d'être prononcée que si la violation de ces règles est apparue à un moment donné dans le but de prendre des décisions contraires aux buts de l'association ou de favoriser des intérêts particuliers* » (109).

La solution jurisprudentielle, que (feu) « *le bon père de famille* » n'aurait pas déniée, a toutefois été sévèrement condamnée par l'annotateur de cet arrêt palois (110). À le croire, il n'était pas défendable de fermer les yeux sur des irrégularités ; même sur celles destinées à contourner l'inertie ou l'absentéisme de coassociés.

Une décennie après, la cour d'appel de Nouméa (14 juin 2015) se l'est aussi vu rappeler par la Cour de cassation (21 décembre 2017) dans une affaire comparable (111).

---

109) COUR D'APPEL Pau, 2e ch., sect. 1, 15 mai 2007, Basse Carcenac c/ Assoc. pour la sauvegarde et la réadaptation des insuffisants rénaux.

110) « *Spectaculaire opération de sauvetage en pleine tempête : la cour d'appel de Pau préserve de la nullité des délibérations d'association entachées d'une dizaine d'irrégularités formelles. Cet exploit juridique résulte d'un arrêt du 15 mai 2007, et s'effectue à contre-courant d'une jurisprudence bien établie. Espérons que la Cour de cassation aura l'occasion d'exercer sa censure, faute de quoi l'arrêt du 15 mai ne fera plus rire personne. [...]. C'est à une véritable mise à mort du formalisme d'assemblée que la cour de Pau s'essaie* » (Renaud MORTIER, Refus de prononcer la nullité de délibérations irrégulières en l'absence de clauses statutaires prévoyant cette sanction, Droit des sociétés n° 12, décembre 2007, comm. 213).

111) CASS. CIV. 3, 21 décembre 2017, pourvoi n° 15-25627, société civile immobilière Escandihado.

12. – L'annulation d'assemblées clandestines d'une association syndicale.

Passe encore qu'une assemblée générale se tienne sans le nombre suffisant de sociétaires ou d'actionnaires, puisque les absents auront apparemment manifesté de la mauvaise volonté en ne s'y rendant point. En réalité, il se pourrait que les intéressés n'aient pas été invités, ou même que l'on se soit arrangé pour qu'ils ignorent la tenue de l'assemblée.

C'est dans un tel cas de figure que la Cour de cassation (21 décembre 2017) a jugé que : *« est nulle l'assemblée générale à laquelle n'ont pas été convoqués tous les membres d'une association syndicale libre, qui s'impose selon ses statuts à tous les propriétaires d'immeubles inclus dans son périmètre »* (112).

Pour sa part, la cour d'appel alors ici censurée (Aix-en-Provence, 31 mars 2016) avait cru pouvoir énoncé que : *« l'absence de convocation de tous les membres de l'association syndicale libre ne peut être considérée, en elle-même et dans tous les cas, comme une cause de nullité de l'assemblée générale »* (113).

Une cour d'appel voisine (Bastia, 22 mars 2017) s'était aussi vainement efforcée de sauver une assemblée générale irrégulière. Elle avait constaté que le défaut litigieux avait été *« sans influence sur le décompte des voix »*.

Cependant, la Cour de cassation (14 juin 2018) a tout au contraire jugé que : *« la nullité de l'assemblée générale d'une association syndicale résulte du seul fait que cette assemblée n'a pas respecté les règles statutaires relatives aux modalités de vote »* (114). Cela étant, se pose la question des suites à donner à la nullité causée puis invoquée par les absentéistes.

---

112) CASS. CIV. 3, 21 décembre 2017, pourvoi n° 16-21518, SCI Dei Dous Peire.
113) Idem.
114) CASS. CIV. 3, 14 juin 2018, pourvoi n° 17-20692.

B. – Les suites du défaut de quorum outre l'annulation

13. – Les peines d'antan pour violation des règles d'assemblées.

Historiquement, le droit pénal aura toujours été plus sévère que le droit commercial en cas de violation des règles de tenue des assemblées (115). Par exemple, faire croire faussement qu'une délibération aura reçu la majorité constituait le délit de création de majorité factice, selon la loi commerciale (de 1867) votée un peu avant la guerre contre la Prusse et ses alliés. La loi qui l'a remplacée, cent ans plus tard, aura correctionnalisé toutes les irrégularités des assemblées générales.

Dans l'intervalle entre ces deux législations, et un peu avant la seconde guerre mondiale, des décrets-lois instituèrent respectivement le délit d'usage abusif de voix et celui de simulation de propriété d'actions (116). Jusqu'à la loi du 24 mars 2012, le PV qui comportait un quorum mensonger (ou une majorité fantaisiste) exposait ses auteurs à une amende de 3750 euros (117).

---

115) Michel GERMAIN et Véronique MAGNIER, Traité de droit des affaires de RIPERT et ROBLOT, t. 2, 20e éd., 2011, n° 1583.

116) Il s'agit des décrets-lois du 8 août 1935 et du 29 novembre 1939.

117) Code de commerce, article L242-15 (abrogé) : « *Est puni d'une amende de 3750 euros le fait, pour le président ou les administrateurs d'une société anonyme : 1° [...]. 2° De ne pas annexer à la feuille de présence les pouvoirs donnés à chaque mandataire. 3° De ne pas procéder à la constatation des décisions de toute assemblée d'actionnaires par un procès-verbal signé des membres du bureau mentionnant : la date et le lieu de la réunion, le mode de convocation, l'ordre du jour, la composition du bureau, le nombre d'actions participant au vote et le quorum atteint, les documents et rapports soumis à l'assemblée, un résumé des débats, le texte des résolutions mises aux voix et le résultat des votes* ».

L'histoire des assemblées de sociétés paraît cheminer vers l'adoucissement de la réaction juridique, et notamment vers la dépénalisation.

14. – L'allègement en trompe-l'œil des peines des organisateurs d'assemblées annulables.

La rigueur contre l'irrespect du formalisme du fonctionnement des sociétés exposait même des dirigeants honnêtes à de lourdes amendes. Alors, compte tenu des critiques des praticiens (critiques relayées par la doctrine), un mouvement de dépénalisation s'enclencha au début de ce siècle (118).

D'abord, au travers de la loi NRE, de Jacques Chirac ; ensuite, et avec amplification, sous Nicolas Sarkozy. Sous Emmanuel Macron (Ministre, puis Président), même la responsabilité civile des dirigeants sociaux aura fortement reflué. Néanmoins un célèbre magistrat (en outre membre de la doctrine et conseiller du législateur) porte un regard perplexe sur l'ensemble.

Car : *« Le discours public vante la dépénalisation pour des raisons de simplicité, d'efficacité économique et d'inefficacité de la loi pénale, mais la réalité est que le volet "pénalisation" accompagne tout texte nouveau et guide le plus souvent la jurisprudence dans son*

---

118) « *Un mouvement de dépénalisation du droit économique s'est amorcé depuis 2001. Si entre 2008 et 2012, le montant des amendes civiles allouées par les juridictions commerciales a progressé, ce chiffre est en baisse en 2014 avec un bilan mitigé concernant ces mesures* » (Isabelle BEYNEIX et Laurence-Claire LEMMET, La négociation des contrats, RTD com. 2016. 1). On lit ailleurs que : « *La dépénalisation, amorcée en 1986 et étendue en 1996 constitue une autre innovation importante* » (Pierre ARHEL, Transparence tarifaire et pratiques restrictives, Répertoire de droit commercial, septembre 2019, n° 8).

interprétation des normes. Peut-on dès lors parler de cohérence globale ? » (119).

15. – L'individu absentéiste punissable pour une décision prise sans lui.

À l'instar de tous les sujets de droit, les dirigeants sociaux assument la responsabilité des décisions qu'ils prennent (120). Pour échapper à cette conséquence, si une décision réputée commune leur déplaît en réalité, ils doivent le faire mentionner dans le procès-verbal ; voire saisir le procureur de la République (121).

La cour d'appel de Versailles a récemment rappelé que les dirigeants sociaux (en particulier ceux de droit) ont des responsabilités envers la société et envers les tiers (122). Certes, le dirigeant poursuivi entendra démontrer son éloignement intellectuel et physique de

---

119) Jean-Marie COULON, L'actualité de la dépénalisation du droit des affaires, *AD* 18 décembre 2008. C'est à lui qu'avait été confié la mission d'inventorier les peines pénales superfétatoires à l'encontre des dirigeants sociaux.

120) Benoit LE BARS, *Répertoire de droit des sociétés*, Responsabilité civile des dirigeants sociaux, avril 2004.

121) Alors qu'en France le secret des délibérés obligent les juges à se montrer solidaires de leurs collègues majoritaires, dans plusieurs juridictions internationales ou anglo-saxonnes, l'opinion dissidente d'un juge reçoit une place aux côtés de la décision majoritaire. Du reste, beaucoup plus qu'en France, les décisions juridictionnelles de ces pays-là proviennent d'un juge unique. Cela étant, la solidarité gouvernementale y est pareille qu'en France : une décision du conseil des ministres engage le Gouvernement tout entier. Plus précisément, l'on « *ferme sa gueule ou l'on démissionne* ». Sans compter que le secret (défense ou autre) n'autorise parfois nullement de s'étendre sur l'existence même de la décision adoptée.

122) Cour d'appel de Versailles, novembre 2018, n° de RG : 18/020091 : « *En tous cas, dit-elle, « il est constant que dans une société anonyme le directeur général et le président du conseil d'administration sont des dirigeants de droit au sens de l'article L651-1 du code de commerce. [...] Qu'ils assument ou non la direction générale de la société, les administrateurs ont également la qualité de dirigeant de droit* ».

l'instance qui aura décidé. Néanmoins la jurisprudence a toujours dit que l'absence exonératoire est seulement celle qui paraît légitime.

C'est ainsi que la cour d'appel d'Amiens avait retenu la maladie pour absoudre un dirigeant social absentéiste (123) ; tandis que la cour d'appel de Lyon avait pris en considération un voyage dans l'intérêt de la société (124). S'absenter, afin de ne pas avoir à débattre d'un projet déplorable, ne mettra donc pas l'absentéiste à l'abri de poursuites.

16. – Des sanctions pour absentéisme aux conseils, mais pas pour absentéisme aux assemblées générales.

À croire le Code civil, le mandataire (surtout le bénévole) qui s'est contenté d'exécuter les ordres reçus ne jouira pas des avantages et ne souffrira pas non plus des inconvénients de son action pour autrui. La solution semble avoir été reconduite cent ans plus tard dans le Code pénal, lequel proclame une responsabilité du fait personnel.

Encore que l'un des commentateurs de ce Code (Clotaire MOULOUNGUI) aura parlé de responsabilité pénale par emprunt de l'élément matériel accompli par une autre personne (125). L'absentéiste semble ainsi devoir répondre des décisions répréhensibles de son collectif. Or, manquer sans justification aux réunions du conseil d'administration est une faute (126).

---

123) COUR D'APPEL Amiens, 7 février 1910, *Rev. sociétés* 1911.286.

124) COUR D'APPEL Lyon, 17 août 1865, DP 1866.2.194.

125) Clotaire MOULOUNGUI, L'élément moral dans la responsabilité pénale des personnes morales (nouveau Code pénal), *RTD com*. 1994. 441.

126) CASS. REQ., 20 avril 1939, *Gaz. Pal.* 1939.2.152. Il s'agit à minima d'un manquement à son obligation contractuelle de mandataire. Et, de surcroît, de mandataire salarié (rémunéré), à l'égard duquel les attentes légales

Que les administrateurs aient l'habitude d'être absents ne sera pas forcément une excuse absolutoire devant le juge. Tant il est vrai que nul ne peut se prévaloir de sa propre turpitude. Le dirigeant absentéiste (excusé ou inconsistant) qui aura ratifié la délibération adoptée par d'autres en répondra a fortiori.

Cette ratification ne fait pas de doute si l'absentéiste avait préalablement donné son accord de principe à la mesure. En fait, il aura raté la réunion plus ou moins accidentellement et aurait volontiers participé à la formalisation de leur accord de couloir. Ces administrateurs ne sauraient être confondus avec les associés et les actionnaires, lesquels demeurent libres de prendre part aux assemblées générales de la société (127).

Oui, *« tout actionnaire a, en principe, le droit de participer aux assemblées générales et d'y voter. C'est en effet au sein de cet organe qu'il exerce les prérogatives de contrôle et de haute gestion qui sont les siennes. Cette participation est un droit et non un devoir »* (128). L'actionnaire présent répondra logiquement des projets criminels adoptés par son assemblée.

---

sont plus grandes que s'il s'agit d'un mandataire bénévole. Cf. Code civil, art. 1992, al. 2.

127) Une liberté dont le revers est de devoir assumer des décisions dont peut-être l'on aurait pu empêcher l'adoption grâce à un argumentaire convaincant. Surtout, parce que la décision adoptée sera contraire aux intérêts de l'entreprise, ou plus directement contre les intérêts de l'absentéiste. Il est ainsi arrivé que l'on profitât de leur absence pour virer des associés dont on souhaitait se séparer. Certes, de par la loi, l'absentéiste ne subira jamais une augmentation financière de ses engagements en son absence et sans son accord exprès.

128) Yves GUYON, *Répertoire de droit des sociétés*, Assemblées d'actionnaires, septembre 2002, n° 91.

17. – La possibilité d'une prescription de l'action en contestation du quorum.

À croire les annales judiciaires, plusieurs sociétés (dont la SOCIÉTÉ PRADEYROL DÉVELOPPEMENT) avaient créé la SOCIÉTÉ AIR MIDI CENTRE. Celle-ci était chargée de mettre des aéronefs à leur disposition, durant un temps variable, facturé en conséquence. Malheureusement, les exercices comptables 2008 et 2009 de la société commune furent déficitaires.

D'où l'adoption de trois mesures (en l'an 2010) pour un redressement des comptes. À savoir : le versement d'une subvention d'équilibre par les associés ; l'augmentation du tarif de l'heure de vol ; le prépaiement d'un certain nombre d'heures de vol. Or, à partir de 2012, la SOCIÉTÉ PRADEYROL ne paya plus rien.

Faute d'accord amiable, les autres membres demandèrent à la justice de forcer cette débitrice à rééquilibrer son compte courant d'associé. La cour d'appel de Montpellier (23 janvier 2018) se prononça en ce sens (129). La SOCIÉTÉ PRADEYROL s'étonna alors de sa condamnation, arguant de la nullité de l'assemblée à l'issue de laquelle son obligation était née.

Toutefois, les conseillers montpelliérains n'avaient pas cru devoir hésiter : il y avait prescription à l'encontre de la SOCIÉTÉ PRADEYROL. La raison est que plus de trois années s'étaient écoulées depuis l'assemblée générale en question (130).

En d'autres termes, la prescription de l'action (en nullité de l'assemblée) était acquise à ses adversaires. Bien entendu, la société absentéiste avait été au courant de la tenue de l'assemblée litigieuse, puis de sa décision, mais n'aura pas réagi (à temps).

---

129) Elle fixa sa dette à la somme de 183.850,30 euros ; outre des intérêts au taux légal, à compter de la date de l'arrêt.

130) On notera que le Code de commerce prévoit que : « *L'action en nullité est éteinte lorsque la cause de la nullité a cessé d'exister le jour où le tribunal statue sur le fond en première instance, sauf si cette nullité est fondée sur l'illicéité de l'objet social* » (Article L235-3).

18. – La protection contre les délibérations illicites au moyen de l'exception de nullité.

La Cour de cassation (18 mars 2020) a censuré l'arrêt montpelliérain de l'affaire ci-dessus. Car s'il était désormais impossible d'agir en annulation des délibérations illicites en cause, la débitrice conservait (en revanche et indéfiniment) le droit d'opposer la nullité de la source conventionnelle de sa pseudo-dette.

Plus précisément, a jugé la Cour suprême : *« Si l'action en nullité d'une délibération d'une assemblée générale est soumise à la prescription triennale [...], l'exception de nullité est perpétuelle, peu important que l'action en exécution de cette délibération ait été introduite avant l'expiration du délai de prescription de l'action en nullité »* (131).

La généralité de l'affirmation donne à penser que l'exception pourra être valablement soulevée (in limine litis) même à l'encontre d'une nullité relative. Encore que la confirmation de l'acte juridique affecté d'une nullité relative résulte aussi de son exécution (132).

---

131) *Cass. Com.*, 18 mars 2020, pourvoi n° 18-16099. Jusqu'en 2008, il y avait une profusion de délais de prescription. Un effort d'unification a abouti à ce que la plupart d'entre eux durent 5 ans en matière contractuelle et 3 années en matière commerciale. C'est dans ce cadre que la Cour de cassation aura pu juger que : « *l'action en réparation du préjudice causé par un abus de majorité se prescrit par cinq ans* » (*Cass. Com.*, 30 mai 2018, n° 16-21022, société à responsabilité limitée Médias territoires et cultures). En l'occurrence, grâce à l'abus de majorité, une rémunération avait été consentie à une associée gérante, et un contrat de travail à une autre associée.

132) *« [...] il n'est pas possible de décomposer le contrat en distinguant les clauses qui ont fait l'objet d'un commencement d'exécution – et auxquelles l'exception de nullité ne pourrait donc plus être opposée, une fois le délai de prescription expiré –, de celles qui n'ont pas encore été exécutées. En l'espèce, il était donc impossible de demander, par voie d'exception, la nullité de la clause fixant le taux d'intérêt, le débiteur ayant par ailleurs exécuté l'obligation d'affecter en garantie du remboursement un certain nombre de*

En l'espèce, la prétendue débitrice aura échappé au paiement de dizaines de milliers d'euros réclamés par ses coassociées (133).

19. – Le retardement du point de départ de la prescription par la clandestinité des délibérations.

Des associés de la SOCIÉTÉ WORLD PEOPLE ont demandé à la cour d'appel de Versailles (19 janvier 2016) d'annuler les assemblées générales (ordinaires et extraordinaires), tenues de 2002 à 2010, auxquelles ils n'avaient pas été convoqués. Cette juridiction d'appel leur a donné raison.

Pour ce faire, les conseillers Versaillais ont dénié la prescription de l'action en nullité, parce que les assemblées n'avaient pas été portées à la connaissance des intéressés ; pas avant le 25 janvier 2011 tout au moins (134). En conséquence de quoi les plaignants

---

biens immobiliers » (Mathias LATINA, La perpétuité de l'exception de nullité est mise en échec par le commencement d'exécution du contrat, *LEDC* juill. 2014, n° EDCO-114113-11407, p. 4). Toutefois, *« en accueillant l'exception de nullité de la signification des conclusions de l'appelant alors qu'elle constate que l'intimée avait préalablement fait valoir sa défense au fond, la cour d'appel viole les articles 74 et 112 du Code de procédure civile* » Catherine BERLAUD, Exception de nullité soulevée après la défense au fond et point de départ du délai de prescription, Gaz. Pal. 20 févr. 2018, n° 314k3, p. 40.

133) Qu'aura bien pu juger la juridiction de renvoi ? Car, dit le Code civil en son article1185 : « *L'exception de nullité ne se prescrit pas si elle se rapporte à un contrat qui n'a reçu aucune exécution* ». Le problème, en l'espèce, est que la débitrice avait déjà commencé de payer la dette prétendue ; il y avait eu un début d'exécution...

134) Anne DONNIER, Prescription et clandestinité : la troublante constance de la Cour de cassation, *D.* 2005. 2998 ; Philippe COLLET, L'intérêt modeste de la notion d'infraction dissimulée, *D.* 2022. 1347 ; Clotaire MOULOUNGUI, Application de la prescription de droit commun en cas de satisfaction au bref délai, *La Semaine Juridique Edition Générale* n° 16, 15 Avril 1998, II 10063.

restaient dans les délais en saisissant la justice seulement le 7 août 2012.

La Cour de cassation (26 septembre 2018) a pourtant censuré l'arrêt versaillais. Car celui-ci n'aurait eu de base légale que *« si les assemblées générales litigieuses avaient été dissimulées »* (135). La même juridiction du second degré, mais autrement composée, devait finalement s'en assurer.

Dans cette affaire, l'on ne s'empêchera pas de noter que les actionnaires (demandeurs à l'action) auront vécu une dizaine d'années sans se soucier des assemblées générales ordinaires de leur société. Or, pour toute entreprise, ces assemblées sont économiquement utiles, et juridiquement obligatoires.

20. – Des délibérations à l'abri de l'annulation après la durée triennale de prescription.

Dans une SARL familiale, une discorde était née à la mort du patriarche. La raison est que la fille, qui dirigeait l'entreprise, aura manigancé des opérations en faveur de certains associés, de même qu'à son profit personnel. Or l'un des frères de cette gérante semble en avoir été particulièrement affecté ; au point d'introduire une action en justice (ensuite poursuivie par ses propres héritiers).

Néanmoins cette action avait peu de chance de prospérer, car le patriarche (le *de cujus*) avait eu connaissance des assemblées générales contestables. Dans un arrêt de rejet, la Cour de cassation (25 janvier 2017) rappelle la durée triennale de la prescription de l'action en nullité des délibérations sociales (136).

Puis, elle relève que la cour d'appel de Paris (18 septembre 2014) se sera appuyée sur une note horodatée, laquelle était annotée par le *de*

135) *CASS. COM.*, 26 septembre 2018, pourvoi n° 16-13917.
136) En se fondant cette fois sur l'article L235-9 du Code de commerce.

cujus, ainsi que par son conseil. Or, de cette note se déduisaient les cessions immobilières décidées au détriment de l'intérêt social.

Du coup (en l'absence de clandestinité ou d'ignorance), l'action en nullité contre ces délibérations était prescrite (137). Le nombre de votants importait peu, d'autant plus que l'exigence de quorum est rare dans les SARL classiques.

21. – Le dilemme du long ou du bref délai contre une élection professionnelle.

Les élections professionnelles n'ont besoin d'un second tour que si, lors du premier, le quorum n'a pas été atteint ; ou bien, s'il reste des sièges à pourvoir. Ce sont les acteurs de l'entreprise eux-mêmes (employeur/syndicats) qui en conviennent.

Mais parfois l'un d'entre eux se figurera qu'un second tour serait indispensable. Ce qui le conduira à remettre en cause les résultats constatés. Alors, relativement aux délais, quand semblera-t-il déraisonnable qu'il prétende encore agir ? Au bout d'une semaine, d'un mois, d'un trimestre, d'un semestre, ou d'une année ? Avant de répondre, il est bon d'indiquer que la légitimité démocratique suppose que les élus aient vraiment été choisis par le corps électoral.

Ce qui incite à prévoir des larges délais de recours. À l'inverse, la sécurité juridique devrait conduira à imposer aux contestataires de

137) CASS. COM., 25 janvier 2017, pourvoi n° 14-29726, Société SIRGIMO. La même prescription triennale existe en matière de copropriété de navire, en vertu d'une disposition d'ordre public. La nullité concernera un vice de forme, ou une décision contraire à l'intérêt général de la copropriété. Par exemple, si une décision s'explique par une volonté (pour la majorité des quirataires) de s'avantager au détriment de la minorité (Loi de 1967, article 12). La juridiction compétente sera le tribunal de commerce ou bien le tribunal judiciaire, selon la nature juridique de la copropriété (François PASQUALINI, Navire : copropriété, *Répertoire de droit commercial*, octobre 2008).

se décider le plus vite possible ; l'on évitera de la sorte de laisser le collectif de travail dans l'expectative. L'efficacité pratique invite aussi à la diligence des justiciables.

Sinon, les missions de l'instance pour laquelle le scrutin aura été organisé souffriraient de l'inaction et du doute. La réponse à la question est plutôt 8 jours, ou peut-être 15 jours pour agir en nullité des élections professionnelles.

2452. – L'hésitation entre 8 et 15 jours de délai de recours contre l'élection professionnelle.

Le délai plutôt bref de huit jours (pour contester le premier tour de l'élection professionnelle) fait parfois plutôt pencher pour la quinzaine de jours. Par exemple, il y a désormais trois décennies, le tribunal d'instance de Lyon (23 juillet 1986) avait refusé d'annuler un premier tour d'élection professionnelle.

Selon lui, la demande souffrait en l'occurrence d'une forclusion. Concrètement, tous les sièges à pourvoir avaient été attribué dès le premier tour. Or l'employeur souhaitait un second tour, du fait de l'absence de quorum lors du premier. Sa démarche semblera donc défendable.

Mais énonce la Cour de cassation (16 juillet 1987), seulement en veillant à saisir le tribunal *« dans le délai de quinze jours suivant la proclamation des résultats »* (138). La Haute Cour énonce plus précisément *« que la proclamation nominative des élus confère à ceux-ci la qualité de représentants du personnel ; qu'elle constitue le terme des opérations électorales, à partir de laquelle court le délai […] pour contester la régularité des opérations électorales »*.

Le doute est plus facilement levé lorsque, dans l'intérêt d'une bonne administration de la justice, la Cour de cassation (19 janvier 2022)

---

138) CASS. SOC., 16 juillet 1987, pourvoi n° 86-60441, Bulletin 1987 V N° 511 p. 324, l'Union syndicale de la construction CGT du Rhône.

statue lui-même au fond. Elle a ainsi fixé à la quinzaine de jours le délai de contestation du périmètre du corps électoral d'élections professionnelles (139).

22. – La doctrine d'un délai indifférent pour les contestataires de l'élection professionnelle.

Dans une affaire (presque comparable à celle vue ci-dessus), un auteur a concédé que l'on pouvait *« considérer que le délai de huit jours n'est pas prescrit à peine de nullité. Mais de là à le dépasser de plusieurs mois, il y a un pas qu'il est difficile de franchir »* (140). Et pourtant, la cour d'appel de Rennes (6 novembre 2015) avait jugé *« que le décret ne fixe aucun délai pour contester l'élection, de sorte qu'un scrutin ayant eu lieu l'année précédente peut être contesté devant la cour d'appel [en première et dernière instance] plus d'un an après »*.

En l'espèce, la formation plénière du conseil de discipline des avocats avait élu son président et son vice-président sans se soucier de la question du quorum. Les conseillers rennais n'ont pas davantage trouvé qu'il y avait à s'en préoccuper, puisque *« ni la loi ni le règlement n'ont fixé l'exigence d'un quorum »*.

Toutefois, cette cour d'appel a ensuite été contredite par la Cour de cassation (11 janvier 2017), essentiellement parce *« qu'elle n'avait*

---

139) Jean-Yves KERBOURC'H, L'élection est contestable dans les 15 jours suivant la proclamation de ses résultats, *La Semaine Juridique Social* n° 8, 1er Mars 2022, 1060. L'auteur précise les textes qui permettent ainsi exceptionnellement à la Cour de juger au fond, à l'instar du Conseil d'État : COJ, art. L. 411-3, al. 2. – CPC, art. 627 et 1015.

140) Jean-Yves KERBOURC'H, Absence de quorum et carence au sens de l'article L. 132-2-2 du Code du travail, *La Semaine Juridique Social* n° 30, 24 Juillet 2007, 1588.

pas constaté que le recours avait été formé dans le mois de la publication de chacun des résultats » (141).

Sachant en particulier que « *le mandat du Président et du Vice-président est de un an* » (142).

23. – Le copropriétaire sans recours contre la délibération sanctifiée par la prescription.

La cour d'appel de Versailles (11 mai 2015) a annulé une décision d'assemblée générale de copropriétaires, laquelle autorisait (dorénavant) la présence de vélos dans la cour intérieure. Ce qui, jusque-là, était interdit par le règlement de la copropriété. Or, d'après l'un des copropriétaires, il aurait fallu commencer par modifier ce règlement, pour ensuite valablement adopter la décision litigieuse.

Les conseillers versaillais leur ont donné raison. Dès lors, affirme l'arrêt confirmatif, « *le syndicat des copropriétaires et son syndic ont commis une faute de nature à engager leur responsabilité envers les copropriétaires qui ont subi un préjudice en découlant* », faute de la modification préalable (143).

---

141) Cass. Civ. 1, 11 janvier 2017, pourvoi n° 15-29336. Les résultats en question avaient été publiés à un an d'intervalle : 04 janvier 2014 et 16 janvier 2015. En pratique, malgré l'effort gouvernemental de division (par deux) du délai d'enrôlement après cassation, c'est au milieu de l'année 2017 (année de la cassation) que la cour d'appel de renvoi (Orléans) se sera prononcée ; en supposant du reste que les délais aient été respectés. Au fond, à quoi bon, si les élus avaient déjà achevé leur mandat ?

142) https://conseil-regional-discipline-des-avocats-cour-appel-rennes.fr/conseil.php. De plus, quid des condamnations prononcées dans l'intervalle par l'instance comprenant de pseudos élus ? C'est dans de tels cas que surviennent des lois de validation, ou que joue la théorie du fonctionnaire de fait, de même que celle du mandat apparent.

143) Une modification suivant les formes prévues par l'article 26 de la loi du 10 juillet 1965.

Néanmoins, fallait-il donné gain de cause aux demandeurs malgré la tardiveté de leur recours ? Non, sans doute. La Cour de cassation a censuré l'arrêt (pour absence de base légale). Apparemment, il fallait rechercher « *si l'absence de contestation de la décision ayant autorisé la présence de vélos dans la cour intérieure de l'immeuble ne privait pas M. et Mme X... de leur action en responsabilité du fait du caractère définitif de cette décision à l'égard du syndicat et du syndic* » (144).

En d'autres termes, une délibération contraire au règlement intérieur s'imposera (s'appliquera), si elle n'a pas été déférée au juge compétent en temps utile (145).

24. – Le risque d'annulations en cascade à la suite d'une seule délibération illicite.

Si un ou plusieurs actes juridiques existent sur la base d'un acte préexistant, la disparition du premier est de nature à compromettre la survie des suivants. Du moins s'il n'y a pas de tolérance jurisprudentielle (146) ; ou s'il n'y a pas de réaction salvatrice du législateur au moyen d'une loi de ratification (147).

---

144) CASS. CIV. 3, 16 mars 2017, pourvoi n° 15-22185, Société Cabinet Hude-Noll de Valence.

145) La relation des faits de l'espèce (par la Cour de cassation) ne permet pas de savoir si les plaideurs avaient bien reçu leur convocation à l'assemblée en question ; s'ils y étaient allé ; et s'ils s'étaient opposé (vainement) à cette possibilité de vélos dans la cour. Mais, redisons que la prescription des actions en nullité, et de celles en responsabilité, pour irrespect des règles de quorum et de majorité, est de trois années. Le délai court du moment de l'évènement blâmable ; même lorsqu'il se sera agi d'une fraude (Com. 25 janv. 2017, n° 14-29.726, Société SIRGIMO).

146) Le juge administratif atténue autant que faire se peut l'effet en cascade de l'annulation de l'acte juridique fondamental ; depuis son historique JURISPRUDENCE DES MARIAGES DE MONTROUGE. Aujourd'hui encore, il y a : « *Prise en compte par le juge des conséquences de la rétroactivité sur les jugements et procédures auxquels ces magistrats avaient concouru et des*

La cascade d'annulation concernera par exemple un cautionnement, consenti par la société, sans doute par bienfaisance envers une filiale, ou bien envers un partenaire (client ou fournisseur). Si la délibération qui a autorisé le cautionnement est annulée, alors celui-ci devient annulable.

Le problème est qu'un bailleur ou qu'un banquier, par exemple, aura accordé son crédit en contemplation de cette garantie personnelle. Autrement dit, le cautionnement aura été le motif impulsif et déterminant du crédit consenti. Faudra-t-il procéder à l'annulation (par ricochet) des contrats dont la conclusion était inenvisageables sans cette garantie finalement nulle ?

Mais peut-être est-ce l'occasion de se rappeler qu'un contrat de cautionnement relatif à une obligation indéterminée se subdivise en une obligation de couverture et en une obligation de règlement (148).

---

atteintes manifestement excessives que leur nullité porterait au bon fonctionnement de la justice et à la sécurité des justiciables. Modulation des effets des annulations, prononcées pour l'avenir à l'expiration d'un délai d'un mois à compter de la date des décisions juridictionnelles » (Romaric GUEGUEN, La modulation de l'annulation des nominations de magistrats, *AJFP* 2008. 172).

147) Roger PERROT, Loi de validation et loi rétroactive : leur incidence sur un procès en cours, *RTD civ.* 2000. 629 ; Sophie PARICARD-PIOUX, Loi de validation : l'Assemblée plénière se prononce... et ne convainc pas, *D.* 2003. 1648.

148) Les propositions contenues dans les thèses convainquent rarement les juges. Cependant, celle de feu le professeur Mouly sur l'obligation de couverture et l'obligation de règlement aura été sanctifiée par la Cour de cassation. L'idée est que si la dette cautionnée est évolutive, le garant la couvre aussi longtemps qu'il n'aura pas dénoncé son engagement, ou qu'il ne sera pas mort (c'est l'obligation de couverture). Dès lors, les loyers, intérêts et pénalités qui surviennent par la suite ne sauraient lui être exigés. La dette antérieure à la fin du cautionnement, par ailleurs diminuée par d'éventuels versements du débiteur, représentera ce qu'il

Si la première disparaît pour le futur (suite au décès de la caution, ou de la dénonciation de l'engagement, etc.), en revanche, la seconde obligation persiste jusqu'à complet paiement des sommes (déjà) échues avant l'évènement extinctif de la couverture. Les créanciers garantis par le cautionnement disparu deviendront de vulgaires créanciers chirographaires seulement pour leurs loyers futurs ou pour leurs intérêts débiteurs postérieurs à l'extinction du cautionnement (149).

C'est une délicate situation qui s'induit du pur droit, et non pas de la morale ou de ressentis. Cela paraît être le cas lorsqu'il est question de légitimité insuffisante, parce que des électeurs auront massivement boudé les urnes.

---

aura payé (c'est l'obligation de règlement). Cf. Christian MOULY, *Les causes d'extinction du cautionnement*, Litec, 1979.

149) Autrement dit, les effets passés subsisteraient, comme dans une résiliation. Celle-ci est la variante de la résolution, pour cette-fois l'anéantissement d'un contrat de longue durée, appelé à disparaître (notamment) pour inexécution. Normalement, une annulation prive l'acte juridique anéanti du moindre effet pour le passé, pour le présent et pour l'avenir.

LES SURCOÛTS DE L'HÔPITAL EN SOUS-EFFECTIF

Clotaire MOULOUNGUI
Maître de conférences hors classe à l'ULCO (académie de Lille)
Ancien Chef du Département Gestion des Entreprises et des Administrations
Responsable de la licence professionnelle Métiers de la Gestion et du Social

Résumé : Presque chaque jour depuis l'année 2020, il est davantage question de l'insuffisance des moyens affectés à l'hôpital. Même si pour quelques esprits libres *« ce n'est pas qu'une question de moyens »*. Selon la majorité des intervenants, ce sont surtout les personnels qui manquent. Or il n'existe pas de professionnels de santé déjà opérationnels qui soient au chômage. En fait, l'activité hospitalière est parfois physiquement dure et/ou psychologiquement éprouvante. De plus, les rémunérations servies ne résistent pas (par leur mesquinerie) aux comparaisons internationales.

Mots clefs : Sous-effectif hospitalier ; souffrance au travail ; insuffisance des rémunérations ; médecins mercenaires ; déficit hospitalier.

Abstract : Almost every day since 2020, there has been increasing talk of insufficient resources allocated to hospitals. Although for a few free spirits, "it's not just a question of resources." According to the majority of speakers, it's mainly staff that are lacking. Yet, there are no healthcare professionals already operational who are unemployed. In fact, hospital work is sometimes physically demanding and/or psychologically demanding. Moreover, the salaries paid (due to their meagerness) do not stand up to international comparisons.

Keywords : Hospital understaffing; workplace suffering; insufficient salaries; mercenary doctors; hospital deficit.

1. – La sauvegarde de la santé et de la vie de chacun par les hospitaliers.

Presque chaque jour depuis l'année 2020, il est davantage question de l'insuffisance des moyens affectés à l'hôpital. Même si pour quelques esprits libres *« ce n'est pas qu'une question de moyens »* (150). Selon la majorité des intervenants, ce sont surtout les personnels qui manquent.

Alors, est-il dit dans la foulée, il faut rapidement recruter le maximum de médecins et d'infirmières. Le problème est qu'il n'existe pas de professionnels de santé déjà opérationnels qui soient au chômage. Quelques uns d'entre eux ont certes abandonné l'hôpital au profit d'autres emplois. La raison est que l'activité hospitalière est parfois physiquement dure et/ou psychologiquement éprouvante.

De plus, les rémunérations servies ne résistent pas (par leur mesquinerie) aux comparaisons internationales. Or, quoique l'exercice du soin à autrui soit moralement épanouissant, un tel travail ne permet que rarement à ceux qui l'exercent d'en vivre décemment. Il faut certes ici excepter les médecins intérimaires : leurs rémunérations apparaissent, par contraste, comme excessives.

---

150) Jean-Sébastien FERJOU, en réaction aux mesures présentées par Emmanuel Macron pour répondre aux difficultés du secteur hospitalier, https://www.dailymotion.com › vidéo 2023.

A. – Un salaire pour le soignant malgré son abnégation

2. – Le souci d'un coût raisonnable des dépenses de santé.

Faut-il se préoccuper de l'absentéisme à l'hôpital ? Si oui, pourquoi et comment ? La réponse à la question initiale est logiquement positive, car chacun espère pouvoir être soigné quand la nécessité s'en fait sentir. Logiquement, la présence des soignants en nombre offre au patient la possibilité de bénéficier de (longs) temps d'échange sur la pathologie diagnostiquée et sur ses implications.

Par ailleurs, moins d'absentéisme des soignants permet un meilleur équilibre financier du budget de tout établissement hospitalier. Encore que beaucoup claironnent à l'envi que la santé n'a pas de prix (151). Alors, leur est-il répondu : elle a un coût, et celui-ci devrait être le plus faible possible (152).

Or, le déficit budgétaire constitue la marque commune de la plupart des hôpitaux de France. Cela, en dépit de régulières reprises de dettes par l'État (153).

---

151) « *Il est excellent que périodiquement, des économistes nous rappellent avec force que si la santé n'a pas de prix, elle a un coût ; que la dépense médicale ne saurait croître indéfiniment ; qu'elle doit être rationalisée et rentabilisée de façon maximale. En dépit du discours dominant, la situation française n'est guère enthousiasmante : dépenses médicales élevées (3e rang parmi les pays de l'OCDE) et en hausse constante ; taux de remboursement relativement faible (14e rang des pays de l'OCE) ; résultats plutôt médiocres au regard de leur coût* » (Jean-Jacques DUPEYROUX, Un Yalta social ? Droit social 1990. 481).

152) Robert HERTZOG, Le prix du service public, *AJDA* 1997. 55 ; Hélène STROHL, Le mythe de l'accès aux soins, Droit social 1995. 789 : « *Nous les chantres de la maîtrise des dépenses, réfléchissons à notre comportement, si un de nos enfants était très malade, lui refuserions-nous la greffe de foie, qui objectivement aurait peu de chances de le sauver ?* ».

153) https://solidarites-sante.gouv.fr/IMG/pdf/brochure_dette.pdf. L'effort gouvernemental est néanmoins accompagné de critiques diverses, au

3. – Les règles paradoxales d'autofinancement de nos hôpitaux déficitaires.

Apparemment, davantage d'attention et d'efficience feraient du bien au système de santé. À cet égard, *« lors des contrôles qu'elles exercent sur l'hôpital public, les chambres régionales des comptes s'attachent à analyser la productivité dans les activités de soins »* (154).

Leur démarche est probablement vaine au vu des types de recettes et du type de dépenses d'un établissement hospitalier. Ses recettes proviennent de la facturation (à la CPAM) des actes accomplis au profit des patients (155).

Afin que les sommes encaissables soient les plus importantes possibles, ces actes médicaux doivent être nombreux et, surtout, relever des

---

Sénat et ailleurs. Par exemple, lit-on au Journal officiel : « *Aujourd'hui, on ne connaît pas les modalités de prise en charge de cette dette, la nature et le périmètre des emprunts concernés pour obtenir l'aide. [...]. [Le sénateur] demande [au ministre de la Santé] de bien vouloir lui détailler le calendrier concret et les modalités de reprise de la dette des hôpitaux par l'État, ainsi que de l'actuel déploiement de la somme de 1,5 milliard d'euros prévue au titre de l'investissement* » (Patrice JOLY, Question écrite n° 16639, 11 juin 2020, Reprise par l'État de 10 milliards d'euros de la dette hospitalière). Des aides supplémentaires ont été rajoutées dans ce qu'il est convenu d'appeler le Ségur de la Santé : https://solidarites-sante.gouv.fr/systeme-de-sante-et-medico-social/segur-de-la-sante/.

154) Frédéric ADVIELLE et Pierre VAN HERZELE, Le contrôle de la performance des établissements publics de santé par les chambres régionales des comptes, *AJDA* 2018 p.2013. De plus en plus d'individus et de partis politiques contestent les calculs (d'apothicaires) pratiqués dans les hôpitaux. Il y aurait trop de gestionnaires avec leurs tableurs Excel. Or, l'hôpital n'est pas une entreprise. La campagne présidentielle de 2022, menée en pleine pandémie Covid-19, n'a pas manqué d'y revenir.

155) Thierry TAURAN, L'assurance maladie et les anomalies de tarification, RDSS 2013. 1086.

actes les mieux côtés. Hélas, passer de longues minutes à écouter, puis à consoler un patient ou sa famille, rapporte très peu (156).

La conséquence ultime du système semble être la limitation au strict minimum des échanges entre soignants et patients. D'où l'impression de ceux-là d'être auteurs de maltraitance à l'égard de ceux-ci ; et donc le sentiment de souffrance au travail, lui-même ferment d'absentéisme (157).

Quant aux dépenses d'un hôpital, elles se rapportent (pour l'essentiel) au personnel, aux médicaments, aux matériels et aux fournitures. Lorsque ces charges excèdent les recettes, le budget de

---

156) Telle est la philosophie de la tarification à l'activité instaurée en 2005 et renforcée en 2009 par les Gouvernement de Droite, mais ensuite conservée par les Gouvernements de Gauche. Les soignants ainsi invités à se presser disent souffrir de la perte de sens de leur métier. Car l'humanisme et la bienveillance semblent devoir s'effacer, au profit de la compétitivité et des chiffres. Du reste, une politique du « *Quoiqu'il en coûte* » a fait largement ouvrir les vannes de la dépense publique durant cette période. Dans d'autres pays, l'effort individuel est plus courant. À cet égard, « *Malgré un accès universel au système d'hospitalisation public [grâce à l'impôt], la moitié de la population [irlandaise] souscrit une assurance maladie privée volontaire permettant d'accéder aux hôpitaux privés, à des lits privés dans les hôpitaux publics et de bénéficier de temps d'attente réduits* » (Brian TURNER, Le rôle des assurances maladie privées dans le système de santé irlandais, RDSS 2011. 267).

157) « *Les conditions de travail qui sont le plus corrélées à l'absentéisme sont l'exigence émotionnelle (le rapport aux patients et à leurs proches), les contraintes physiques (rester longtemps debout, effectuer des mouvements douloureux ou fatigants) et les contraintes horaires (travail de nuit, ou travail sur de longues périodes)* » (Nicolas DA SILVA, https://www-alternatives-economiques-fr./nicolas-da-silva/absenteisme-a-lhopital-non-soignants-ne-se-dorent-pilule/00105075). Six chercheurs se sont efforcés de s'interroger plus ou moins ensemble sur les contours de cet absentéisme : Laurent BRAMI, Sébastien DAMART, Mathieu DETCHESSAHAR, Michel DEVIGNE, Johanna HABIB, Frédéric KLETZ, et Cathy KROHMER, L'absentéisme des personnels soignants à l'hôpital, Comprendre et agir, Presse des mines, 2014.

l'établissement devient déficitaire. La sobriété est dès lors préconisée.

4. – Le surcroît de démissions et la raréfaction de recrues en cas de réduction des salaires à l'hôpital.

Dans un établissement hospitalier, c'est sur les traitements et salaires que devraient se focaliser les efforts d'assainissement financier. Car ces rémunérations représentent précisément la majorité des dépenses hospitalières ; 80 % environ (158).

Deux voies s'imposent alors à l'esprit du gestionnaire : soit la baisse de la rémunération de chacun ; soit la réduction des effectifs. À moins de retenir le panachage de l'une et l'autre solution. Même s'il était juridiquement envisageable de réduire les rémunérations des soignants, y procéder se révélerait particulièrement inopportun (159).

Car, comme les traitements et salaires des hospitaliers sont déjà bas, de nombreux postes ouverts au recrutement demeurent vacants. Pire, des départs (des démissions) s'y multiplient par ailleurs (160).

---

158) Au milieu des années 1990 déjà, il fallait mieux contrôler, « *les dépenses de personnel qui représentent entre 70 et 95 % de l'ensemble des dépenses* » (Jean-Marc LHUILLIER, Les établissements spécialisés, *RDSS* 1994. 311).

159) Dans les pays en voie de développement, le FMI conditionne ses aides à la diminution drastique de la masse salariale. Les salaires de ceux qui ne gagnent pas déjà beaucoup sont alors réduits. Certes, le résultat recherché est plus facilement obtenu sur cette multitude, plutôt que sur les quelques directeurs et ministres du pays pauvre. Dans le « *consensus de Washington* », « *figurent notamment la réduction des déficits publics en privilégiant la diminution des dépenses plutôt que l'augmentation des impôts* » (Catherine COLLOMBET et Laurent CYTERMANN, Dynamisme et contrastes de la protection sociale dans les pays émergents, RDSS 2013. 648).

160) Des départs sous formes de démissions, de détachements et de mises en disponibilité. Il est donc souvent inexact de demander des créations de

5. – La question d'un hôpital sans plafonnement des dépenses.

Comme le sous-effectif des services représente une difficulté récurrente de tout hôpital, les personnels présents sont alors sursollicités en désespoir de cause. De fait, l'absentéisme des uns est parfois compensé par une omniprésence des autres ; une sorte de présentéisme, dit un auteur : « *Pour faire face aux absences de courte ou de longue durée, la sur-mobilisation des ressources internes conduit certaines infirmières à être plus présentes que ce qu'elles devraient l'être* » (161).

Il s'ensuit une fatigue permanente. Une fatigue qui progressivement les pousse à l'absentéisme, à l'abandon, voire au suicide (162). Du coup, l'éradication de l'absentéisme à l'hôpital passe par une augmentation significative des rémunérations et par un

---

postes à l'hôpital. C'est surtout des augmentations des rémunérations qu'il faut. Si le Ségur de la Santé s'est engagé dans cette voie envers les paramédicaux, les autres personnels semblent avoir été oubliés. C'est le cas des psychologues, des assistantes sociales, des secrétaires, des lingères, des cuisiniers, des électriciens, etc. On pourrait croire que le cuisinier, le peintre, la ménagère et la lingère sont moins importants. Et pourtant, c'est sur l'hôtellerie/restauration que les cliniques privées apparaissent comme étant supérieures aux hôpitaux publics. C'est vrai que le patient ne peut décemment juger les actes techniques (médicaux). Par ailleurs, sans l'électricien, le chirurgien et le réanimateur ne serait probablement pas assurés de la disponibilité du courant nécessaire au fonctionnement des appareillages médicaux ; etc.

161) Nicolas DA SILVA, https://www-alternatives-economiques-fr./nicolas-da-silva/absenteisme-a-lhopital-non-soignants-ne-se-dorent-pilule/00105075.

162) « *Ils travaillent parfois 70 heures par semaine, sont les premières victimes du burn-out et ont un taux de suicide plus important que le reste de la population* » (Anne JEANBLANC, https://www.lepoint.fr/editos-du-point/anne-jeanblanc/chaque-annee-45-medecins-se-suicident-24-02-2014-1795283_57.php). Jean PELLET, La nuit des défaites, Le suicide des médecins, Bayard, 2015, 200 p., 19 € », Revue Projet, vol. 346, no. 3, 2015, pp. 94a-94a. Robert HOLCMAN, La souffrance des soignants. Stress, burn-out, violences... du constat à la prévention, Dunod, 2018.

recrutement massif d'hospitaliers. La réalisation de celui-ci dépend grandement de l'effectivité de celle-là.

Naturellement, la suggestion cadre mal avec la nécessaire recherche d'économies et d'équilibre budgétaire. Pourtant les gens de Gauche doutent qu'il soit viable et raisonnable de plafonner les dépenses d'un hôpital. Car, rappellent-ils, il est de la nature d'un service public de fonctionner à perte ; ou tout au moins, de coïncider le mieux possible avec les besoins de la population (163).

Il est vrai que la politique du *« Quoiqu'il en coûte »* a relégué aux oubliettes le dogme des 3 % du P.I.B. jusque-là en vogue dans la zone euro (164).

6. – Un logiciel pour la détermination et la gestion du personnel des crèches.

La souffrance au travail se constate aussi dans les crèches, notamment celles de Paris, où 900 agents manquent quotidiennement. Ce qui

---

163) « *L'ONDAM [l'Objectif National (d'évolution) des Dépenses de l'Assurance Maladie] dans sa construction est éloigné des besoins réels de la population. On est obligé ici, de revenir à un élément fondamental : l'ONDAM est construit très en amont pour des besoins de santé très en aval : le soin des patients et leur parcours de santé. L'ONDAM est très segmenté alors qu'aujourd'hui on avance vers une organisation des soins qui demande beaucoup plus de transversalité et beaucoup plus de coopération autour du patient. Une organisation compartimentée n'est pas pertinente pour des prises en charge qui demandent beaucoup plus transversalité et de coopération entre acteurs notamment dans le suivi des patients du fait du caractère chronique des pathologies* » (Lorenzo LANTERI, https://www.letagsocial.com/about).

164) L'idée est que les 19 pays qui ont décidé de se donner l'euro (€) comme monnaie unique s'obligent à une certaine frugalité. Ainsi, quand leurs ressources de l'année ne suffiront pas pour faire face aux dépenses prévisibles, le manque ne dépassera pas 3 % de leur P.I.B. prévu pour cette année-là. Il y a en outre la règle des 60 %. Les dettes d'un pays (son endettement) ne doit jamais déborder les 60 % de sa production brute d'une année.

oblige à redéployer le personnel disponible dans l'urgence. Cinq personnes appelées affectatrices s'en chargent. Elles piochent dans une réserve (le pôle de remplaçantes) ou dans la crèche (surdotée) la plus proche.

Afin de permettre aux affectatrices de gagner du temps, un logiciel approprié a été développé : LUCI. Pour chaque journée à venir, les directrices y mentionnent le nombre d'enfants à accueillir et le nombre d'agents disponibles pour s'en occuper. Alors, LUCI révèle aux affectatrices le ratio d'encadrement de chacune des crèches, puis leur suggère les rééquilibrages possibles entre ces crèches (165).

Tout cela pour une mise en œuvre le lendemain, dès l'ouverture. Outre la directrice d'une telle structure, s'y activent des auxiliaires de puériculture (les APU ou AUXI) et d'autres dames dites agents de service (les ASI). Les APU se chargent de la surveillance des enfants, ainsi que des activités d'éveil appropriées à leur âge.

En ce qui les concerne, les ASI sont préposées au nettoyage tant des locaux que du linge de la crèche, de même qu'à la confection du repas des enfants.

7. – Le délaissement d'une des activités de la crèche en cas d'absentéisme d'encadrants.

Selon le nombre d'ASI absentes, tout ou partie du ménage des sols et des murs ne sera pas réalisé. En effet, la priorité est donnée au nettoyage du linge (draps, couettes, serviettes, etc.). L'absentéisme

165) Emmanuel DUMONT et Antoine ROTGER, Le remplacement dans les crèches, un jeu d'enfants ?, ESKA, *Annales des Mines, Gérer et comprendre*, 2008/3, n° 93, pages 14 à 22, https://www.cairn.info/revue-gerer-et-comprendre1-2008-3-page-14.htm.

des APU conduit pour sa part au sacrifice des activités d'éveil ; la surveillance des enfants se poursuit naturellement (166).

Le repas est pareillement maintenu. Au pire, la directrice elle-même s'y attèle. Elle s'y résignera après avoir vainement sollicité, soit un *"prêt"* (un emprunt) d'agent auprès d'une crèche voisine, soit l'obtention d'un remplaçant par prélèvement dans le pool (la réserve) à disposition des services centraux.

Mais alors que les agents habituels disposent de trois heures de temps (de 9H à 12H) pour préparer le repas, la remplaçante extérieure (ou même la directrice), doit s'en sortir en deux heures seulement (10H-12H). Ce qui bien entendu n'est pas simple sans normalisation des locaux et des pratiques (167).

D'autant plus que la qualité ne doit jamais être sacrifiée. Effectivement, les prescriptions de diététique concernent aussi ces repas d'appoint. Encore dit autrement, il est hors de question de se rabattre sur des

---

166) Les enfants sont dangereux pour eux-mêmes et pour leurs camarades. Les agents se sentent (ressentent) une responsabilité morale prégnante sur leurs épaules. Sauf commission d'une faute personnelle d'une certaine gravité, c'est la responsabilité de leur commettant qui est recherchée. Bien entendu, au cas par exemple d'identification d'un syndrome de bébé secoué (pour l'empêcher de trop crier), des sanctions pénales sont encourues par la (nounou) coupable. « *En France, 1 bébé sur 10, victime de secouements, décède, les autres en subiront les conséquences toute leur vie* » (https://solidarites-sante.gouv.fr/actualites/presse/dossiers-de-presse/campagne-nationale-de-sensibilisation-au-syndrome-du-bebe-secoue).

167) Il y a effectivement le problème de « *La familiarisation des agents avec les cuisines de leur secteur. La configuration des cuisines est en effet spécifique à chaque crèche et il est difficile pour un agent qui arrive au pied levé d'y travailler efficacement (et donc en sécurité), surtout dans l'urgence. Nous avons donc organisé une « visite guidée » de toutes les cuisines pour les ASI, et avons mis en place nous-mêmes des étiquetages normalisés d'emplacement des ustensiles* » (Emmanuel Dumont et Antoine Rotger, précités.

produits alimentaires que l'on pourrait accommoder plus facilement et plus vite (168).

B. – L'âpreté au gain de médecins intérimaires "mercenaires"

8. – Le poids des rémunérations comme cause principale du déficit des hôpitaux.

Presque tous les établissements publics de santé (les EPS) sont déficitaires. Leur principale charge pécuniaire concerne le personnel. Selon deux juges financiers (spécialistes du contrôle de leurs ressources et dépenses), trois facteurs provoquent ces déficits relatifs aux ressources humaines.

À savoir : *« la hausse des rémunérations de titulaires, les dépenses d'intérim médical et des mensualités de remplacements [d'infirmières] pour faire face à un niveau élevé d'absentéisme »* (169).

La mensualité de remplacement est la somme à verser au remplaçant de l'absent (ou même au remplaçant de celui-ci). Alors que l'intérim médical concerne les médecins, les mensualités se rapportent aux soignants, aux paramédicaux (170).

---

168) Idem.

169) Frédéric ADVIELLE et Pierre VAN HERZELE, Le contrôle de la performance des établissements publics de santé par les chambres régionales des comptes, *AJDA* 2018 p.2013.

170) Il y a plusieurs catégories de paramédicaux (ou soignants). Le Livre III du Code de la santé publique énumère : Auxiliaires médicaux, aides-soignants, auxiliaires de puériculture, ambulanciers et assistants dentaires (Articles L4301-1 à L4394-4) ; Profession d'infirmier ou d'infirmière (Articles L4311-1 à L4314-6) ; Professions de masseur-kinésithérapeute et de pédicure-podologue (Articles L4321-1 à L4323-6) ; Professions d'ergothérapeute et de psychomotricien (Articles L4331-1 à

Les remplaçants dont la rémunération donne le plus de souci aux managers des hôpitaux sont les médecins ; en particulier ceux (re)présentés par une société d'intérim.

9. – La charge d'un salaire complet des soignants absentéistes et de leurs remplaçants.

Trop méconnu est l'impact financier de l'absentéisme, surtout celui des recrutements alors rendus nécessaires. La Cour régionale des comptes de Bourgogne-Franche-Comté l'a encore rappelé dans son rapport sur le CHI Jura-Sud. Effectivement, dans ce centre hospitalier intercommunal, en l'espace de deux ans (2014-2016), l'absentéisme du personnel non médical du site de Lons-le-Saunier aura augmenté de 12 % environ (171).

En équivalent annuel, c'était 236,9 agents dont l'hôpital ne tirait rien. S'agissant de fonctionnaires malades, tous conservent leur rémunération complète durant l'arrêt maladie. Or, en l'occurrence, le montant des CDD qui ont été indispensables pour le remplacement des agents en question se sera élevé à 2,18M€ ; sachant que le déficit de l'hôpital était lui à 9,63 M€. Pendant la même période de deux ans, aucun recrutement de titulaire n'avait pourtant été effectué.

L4334-2) ; Professions d'orthophoniste et d'orthoptiste (Articles L4341-1 à L4344-5) ; Professions de manipulateur d'électroradiologie médicale et de technicien de laboratoire médical (Articles L4351-1 à L4353-2) ; Professions d'audioprothésiste, d'opticien-lunetier, de prothésiste et d'orthésiste pour l'appareillage des personnes handicapées (Articles L4361-1 à L4364-7) ; Profession de diététicien (Articles L4371-1 à L4372-2).

171) Le personnel médical (comprend essentiellement les médecins et dentistes, et parfois les sages-femmes). À l'inverse, le personnel non médical se compose de la grande masse des hospitaliers (infirmières, manipulateurs radio, kinés, brancardiers, cuisiniers, lingères, ménagères, ouvriers, etc.).

Selon les deux juges financiers rapporteurs, cela « *souligne le fait que même en l'absence d'accroissement de l'effectif physique permanent, le poids des rémunérations peut contribuer à la dégradation des résultats d'un EPS* » (172).

10. – L'augmentation ruineuse du recours à l'intérim médical.

En 2017, le coût de l'intérim médical a augmenté de 29 % dans la région Bretagne, dont les 19 hôpitaux publics sont groupés en huit GHT (Groupements hospitaliers de territoires). Parmi les huit, seul celui de Saint-Malo avait réussi à présenter des dépenses en diminution, relativement à cette rubrique des dépenses de personnel (173).

Les hôpitaux sont tous tenus d'assurer la permanence des soins au profit de leur bassin de population. Mais, tous peinent à trouver des recrues susceptibles de se satisfaire (modestement) d'un salaire de fonctionnaire.

Il s'ensuit une surenchère entre hôpitaux, pour s'offrir les services d'un personnel temporaire ; cela revient cher. Ainsi, « *l'intérim représente un surcoût de 7 millions d'euros pour 18 hôpitaux néo-aquitains* » (174). En Gironde effectivement, la rémunération journalière réclamée par les médecins intérimaires aura oscillé entre 1000 et 2500 euros.

---

172) Frédéric ADVIELLE et Pierre VAN HERZELE, précités.

173) « *Et sur deux ans, Brest explose tout le classement avec un montant qui a quasiment triplé entre 2015 et 2017 (+193%), suivi du Centre-Bretagne (+80%) et du GHT de Rennes (+60%). Au final sur 2016-2017, seul le GHT Rance-Émeraude, dont l'hôpital support s'avère le CH de Saint-Malo, connaît une légère atténuation (-9%, 1,5 M€), une évolution encore plus minime sur 2015-2017 (-2%)* » (Thomas QUÉGUINER, https://abonnes.hospimedia.fr/articles/20191118-ressources-humaines-le-cout-de-l-interim-medical, Publié le 18/11/2019 à 18h36).

174) Jérôme ROBILLARD, https://abonnes.hospimedia.fr/articles/20191122-ressources-humaines-l-interim-represente-un-surcout-de, Publié le 22/11/19 - 17h40.

11. – L'intérim médical plus cher pour les spécialités en tension.

En pratique, plusieurs spécialités médicales sont en tension (disent les professionnels de ce domaine) ; par exemple la radiologie, la gynécologie, la médecine générale, la médecine d'urgence et l'anesthésie. En psychiatrie la rémunération moyenne, pour 24 heures de garde, tourne au tour de 1800 €. Or, le tarif réglementaire s'élève à seulement 1287,04 € (175).

En effet, dit la loi : « *Le montant journalier des dépenses susceptibles d'être engagées par praticien par un établissement public de santé au titre d'une mission de travail temporaire [...] ne peut excéder un plafond dont les conditions de détermination sont fixées par voie réglementaire* » (176).

Le problème est celui de la rencontre entre l'offre et la demande, comme l'enseigne l'économie capitaliste. En tous cas, l'hôpital qui discute les prix (qui chipote) n'aura pas de remplaçant. Ses dirigeants doivent choisir de violer la loi qui oblige à assurer la permanence des soins et celles qui réglementent et plafonnent les crédits budgétaires.

---

175) Idem. Pour relativiser la rémunération en question, il convient de réaliser que l'intéressé travaillera 24 heures, alors qu'une semaine classique c'est 35H de disponibilité professionnelle. En outre, notre médecin ne bénéficie pas des avantages (surtout en nature, en protection sociale et pension de retraite) qu'offre généralement un hôpital (un employeur).

176) Code de la santé publique, article L6146-3, alinéa 2. Le premier dispose que : « *Les établissements publics de santé peuvent avoir recours à des personnels médicaux, odontologistes et pharmaceutiques pour des missions de travail temporaire, dans les conditions prévues à l'article 9-3 de la loi n° 86-33 du 9 janvier 1986 portant dispositions statutaires relatives à la fonction publique hospitalière. Les entreprises d'intérim mentionnées à l'article L. 1251-1 du code du travail attestent auprès des établissements de santé, avant le début de la mission de travail temporaire du professionnel proposé, qu'elles ont accompli les obligations prévues à l'article L. 1251-8 du même code* ».

Sans doute la population ne comprendrait pas qu'un directeur d'hôpital subisse une sanction pénale pour avoir pallier un absentéisme potentiellement dangereux pour autrui. Le pénaliste parlerait même d'état de nécessité. Il n'empêche que la CDBF pourrait sévir au moyen d'une amende. Car un fonctionnaire n'a pas compétence pour rectifier dans son coin les errements éventuels du Parlement (177).

12. – Le projet avorté de cantonnement du salaire des médecins intérimaires.

Pour éviter aux directeurs des hôpitaux le dilemme entre la permanence des soins et les canons budgétaires, une ministre de la santé (Madame Agnès Buzyn) avait souhaité raréfier le recours à ces médecins intérimaires. D'ailleurs même réticence de sa part à propos de l'appel aux médecins signataires de contrats de gré à gré.

Comme chacun le sait, le contrat négocié (ou contrat de gré à gré) est le principe ; son exception est le contrat d'adhésion (avec souvent ses clauses de style, à prendre ou à laisser). Or, (traditionnellement) l'administration (le service public) affectionne de placer ses travailleurs dans une situation juridique statutaire, plutôt que dans une situation contractuelle.

Ainsi, tout médecin hospitalier aura préalablement réussi un concours administratif de recrutement ; ou bien il relèvera d'un marché public. De fait, le contrat de droit privé devrait être exceptionnel ;

177) Il faut songer ici au principe de spécialité budgétaire. À cet égard : « *[...] on notera la critique par la Cour des comptes de la pratique des crédits globaux dont la répartition intervient souvent tardivement et irrégulièrement en contradiction avec le principe de spécialité budgétaire. Au niveau local, la contrainte de la spécialité est plus importante* » (Dominique LANDBECK, La notion de sincérité en finances publiques, RFDA 2002. 798).

encore que telle est (paradoxalement) la nature juridique de la plupart des contrats des personnes publiques (178).

La ministre avait même prévu la création d'un article spécifique qui le mentionnerait dans le Code de la santé publique (179). La sanction applicable n'était que le versement du montant réglementaire. Quoique pour 2023 une certaine évolution soit amorcée ; il s'agit de mettre en œuvre des dispositions déjà adoptées (180).

13. – La volonté punitive rétroactive nourrie contre l'intérim médical.

L'ambition remarquable du texte rêvé par le Gouvernement (en fin 2019) était l'application de *« la loi nouvelle »* même aux contrats en cours. On peut du reste se demander pourquoi une pareille application rétroactive ne se serait pas étendue aux contrats déjà exécutés (et donc éteints).

---

178) Cela étant, le lecteur se rappellera qu'un contrat administratif (véritable) autorise des clauses exorbitantes du droit commun. Ainsi, par souci de l'intérêt général, la modification unilatérale et l'arrêt anticipé du contrat sont possibles. « *Le Conseil d'État confirme ainsi que l'administration peut modifier unilatéralement les clauses financières d'un contrat administratif, malgré les doutes persistants exprimés à ce sujet* » (Laetitia JANICOT et Jean-François LAFAIX, Clause illicite et pouvoirs de l'administration cocontractante, AJDA 2023. 1393).

179) Voici la teneur de cet article finalement avorté : « *Toute clause d'un contrat conclu pour le recrutement par un établissement public de santé d'un médecin, d'un odontologiste ou d'un pharmacien, [...] prévoyant une rémunération supérieure à la rémunération maximale applicable aux catégories de contrats sur lesquels ces personnels sont recrutés, est réputée non écrite* ».

180) Marie-Christine DE MONTECLER, La pénurie de médecins au cœur du budget de la sécurité sociale, *AJDA* 2022. 2324. En avril 2018, on pouvait déjà lire de la part d'une juriste de MASCF, Émilie AVENEL : « *Médecins intérimaires à l'hôpital, une rémunération encadrée : la fin des "médecins mercenaires"* », (https://www.macsf.fr/responsabilite-professionnelle/cadre-juridique/medecins-interimaires-hopital-remuneration).

En effet, dans ces contrats-là aussi, le médecin aura bien bénéficié d'un paiement indu. Un paiement susceptible de répétition, dans les limites cependant du délai de prescription (extinctive et quinquennale). L'exposé des motifs renvoyait à la nécessité de cesser de soumettre à la gêne (à la jalousie) les membres des équipes hospitalières devant accueillir ces médecins (mercenaires) surpayés.

Or ces derniers se promettaient de *''faire un malheur''* si leur rémunération était quelque revue à la baisse (181). Or, ces médecins remplaçants viennent parfois pour un temps si bref qu'ils ne peuvent utilement connaître les collègues, les patients, de même que les locaux et leurs équipements.

La qualité des soins peut dès lors ne point être optimale. L'exposé des motifs pointaient en outre la ruine financière des hôpitaux les plus exposés à l'intérim médical (182).

---

181) Pour marquer leur hostilité au plafonnement, « *un collectif de médecins remplaçants, devenu ensuite le SNMRH, avait publié en mars [2018] sur son site Internet la liste des hôpitaux qui appliquent ce plafonnement, encourageant ses adhérents à ne pas aller y travailler* », avait rapporté (en novembre) Martin DUMAS PRIMBAULT, dans Le Quotidien du Médecin (https://www.lequotidiendumedecin.fr/liberal/exercice/plainte-du-ministere-de-la-sante-contre-le-syndicat-des-medecins-remplacants-des-hopitaux). Le Conseil National de l'Ordre des Médecins avait condamné (dans les médias) le fait que : « *des médecins engagent, sans tenir compte des conséquences de leur prise de position, des actions susceptibles d'annuler des journées opératoires programmées parfois de longue date* ». Cf. Marie FOULT : « *Après Agnès Buzyn, l'Ordre tance les médecins intérimaires qui boycottent les hôpitaux plafonnant leur rémunération* » (https://www.lequotidiendumedecin.fr/liberal/exercice/apres-agnes-buzyn-lordre-tance-les-medecins-interimaires-qui-boycottent-les-hopitaux-plafonnant-leur). C'était en juin 2018.

182) Caroline CORDIER, https://abonnes.hospimedia.fr/articles/20191128-plfss-2020-le-gouvernement-veut-armer-les-comptables, Publié le 28/11/19 - 17h46.

14. – L'indulgence surprenante envers les médecins intérimaires cupides.

Le projet gouvernemental (contre l'intérim médical) aura été balayé par les préoccupations nées de la lutte contre la Covid-19 et, accessoirement, du changement de ministre. On s'étonnera toutefois de ce qu'un professeur des universités, grand mandarin, ait clamé à la télévision (dont il était invité permanent pour la Covid) qu'il comprenait l'attitude de ces (cupides) intérimaires (183).

Selon lui, ces médecins s'adaptent selon lui au défaut d'attractivité d'une carrière à l'hôpital, en particulier à cause de la modicité du revenu offert (184). Une rémunération au surplus comprimée par le gel du point d'indice des agents publics (185).

---

183) Ce supporter insolite est Philippe Juvin, par ailleurs maire de la ville de La Garenne-Colombes et candidat malheureux à la désignation comment candidat des Républicains à l'élection présidentielle de 2022. Cet homme peut se targuer d'avoir eu la force morale et civique de quitter son confort parisien pour servir de médecin militaire lors de la guerre en Afghanistan contre les talibans. Il s'implique donc dans l'enseignement, dans la santé, dans la politique locale et bientôt dans la politique nationale. Sa capacité à se démultiplier pour la collectivité et pour lui-même freine l'envie d'ironie à son égard.

184) Notre mandarin ne considérait certainement pas ses propres revenus. Car, il cumule son traitement de professeur des universités avec celui de médecin chef de service à l'hôpital Georges Pompidou. Il a en outre la possibilité d'avoir des lits privés (une sorte de clinique) au sein de son service hospitalier. Un autre gain supplémentaire peut lui advenir des essais thérapeutiques. Enfin, il peut publier puis percevoir des droits d'auteur. Néanmoins, une facétie réglementaire (généralement découverte au tout dernier moment par les intéressés) est que le médecin enseignant-chercheur ne perçoit de pension de retraite que du ministère de l'Enseignement supérieur, le ministère de la Santé le rayant de ses candidats à cette rémunération différée.

185) « [...] identifier les domaines dans lesquels des économies peuvent être dégagées s'avérant difficile, la recherche d'économies est davantage passée par des « coups de rabot » que par des réformes de la dépense. Cette approche n'a pas permis d'infléchir autant que prévu la dépense car, en

Peut-être n'a-t-il pas complètement tort, puisqu'en économie libérale, il faut s'en remettre au jeu de l'offre et de la demande. Et puis, exclure le recours à ces médecins n'effacera pas subséquemment le besoin qui justifie qu'on les appelle.

Le projet renvoyait involontairement (la pensée) aux vicissitudes du fameux numerus clausus ; celui-ci aura longtemps exigé le plafonnement strict du nombre annuel d'étudiants admis en deuxième année de médecine (186).

15. – L'indigence des mesures de fidélisation destinées aux soignants.

Les établissements publics de santé, de même que ceux qui œuvrent dans le social, agissent peu pour fidéliser ne serait-ce que leurs paramédicaux. Déjà, ils recourent à l'excès au contrat, au lieu du recrutement direct à titre de fonctionnaire stagiaire (187).

---

période d'inflation quasi-nulle, le gel des prestations ou du point d'indice des fonctionnaires n'a pas généré les économies escomptées » (Jean-Jacques HALLAERT et Maximilien QUEYRANNE, Accroître l'efficacité de la dépense publique en France, RFFP nov. 2016, n° 136, p. 227).

186) Le souci de limitation des dépenses de santé avait conduit à l'institution du numerus clausus grâce auquel moins de médecins devaient être formés. Progressivement (et pendant près d'une quarantaine d'années) leur effectif a décru. Par conséquent, les populations n'allaient plus consulter qu'en cas de nécessité réelle, les rares praticiens, du reste parfois situés bien loin de chez eux (déserts médicaux). La prise en charge d'honoraires et de traitements (par le système social) avait fatalement baissé. Les nouvelles générations de Français exigent davantage de services publics contre un minimum d'impôts et taxes à leur charge.

187) « [...] que des tâches soient effectuées par un agent titulaire ou par un agent non titulaire, le principe reste que l'exécution du service public administratif doit être confiée à des agents publics, c'est-à-dire à des agents soumis au droit public, recrutés et payés directement par l'administration » (François-Xavier BRÉCHOT, La sanction du recours abusif à l'intérim par l'administration, AJDA 2017. 1904).

De plus, les contrats en question sont parfois particulièrement courts (moins d'une semaine). Leur reconduction se fait ensuite de semaines en semaines, ou de mois en mois ; sans visibilité pour le soignant de toute évidence utilisé comme une variable d'ajustement (188).

D'où *« la volatilité du personnel contractuel »* (189). On comprend sans peine que l'équipe concernée manque alors de stabilité, d'esprit de corps, et donc d'esprit d'équipe.

16. – La requalification des CDD en CDI jamais en faveur de l'employeur.

Le thème général du remplacement des absentéistes invite parfois à traiter de la question de la requalification, des contrats d'intérim et des CDD, en contrats à durée indéterminée (CDI). Disons d'emblée que le médecin intérimaire ne se risquera jamais dans cette voie financièrement dérisoire pour lui.

Cela étant, l'on pourrait se demander si l'autre partie au contrat (l'employeur) n'agirait pas pour s'en prévaloir. Oui, l'employeur public pourrait espérer réussir à incorporer (de force) le médecin dans ses effectifs, pour des années ou seulement pour quelques mois (chacun ayant le droit de se libérer avec préavis d'un contrat de longue durée). Le cas échéant, le Trésor public réaliserait alors des économies.

Néanmoins, la règle jurisprudentielle de la requalification avait été imaginée pour jouer au profit du salarié, lequel est la partie faible dans le cadre du contrat de travail. Néanmoins, c'est plutôt lui qui en l'occurrence sera en train de *"dicter ses conditions"*. Du reste,

---

188) S'il fallait recruter (pour les 40 années à venir) une infirmière venue remplacer celle partie en congé de maternité, il y aurait bientôt dans le service autant de recrues que de nouveaux bébés du personnel.

189) Franck MASURELLE, La gestion des ressources humaines au sein de la fonction publique hospitalière, *La Semaine Juridique Administrations et Collectivités territoriales* n° 29, 22 Juillet 2019, 2229.

l'employeur donnerait l'impression de se prévaloir de sa propre turpitude.

Car la requalification sanctionne l'irrespect du délai de carence entre CDD, celui du recours irrégulier à ceux-ci, etc. D'où la réaction nouvelle du législateur contre de tels contrats courts. Ainsi, des amendes contraventionnelles (petites mais cumulables) devraient dissuader du recours abusif à l'intérim et au CDD (190).

La règle protège l'ordre public en général et aussi les remplaçants en particulier. Les titulaires absentéistes bénéficient d'une protection tout autant remarquable à la charge de l'employeur.

---

190) Une amende de 3750 € est prévue. Le Gouvernement s'efforce néanmoins de n'y recourir qu'en dernière extrémité. Voir par exemple : « *Bonus-malus : quelles alternatives aux contrats courts pour réduire son taux de contribution ?* » (https://travail-emploi.gouv.fr/emploi-et-insertion/bonus-malus/article/bonus-malus-quelles-alternatives-aux-contrats-courts-pour-reduire-son-taux-de).

LES LACUNES DES ÉLÈVES DU PROFESSEUR ABSENTÉISTE

Clotaire MOULOUNGUI
Maître de conférences hors classe à l'ULCO (académie de Lille)
Ancien Chef du Département Gestion des Entreprises et des Administrations
Responsable de la licence professionnelle Métiers de la Gestion et du Social

Résumé : Selon les spécialistes, la fermeture des établissements scolaires et universitaires, dans l'intervalle de la pandémie de Covid-19, entraînera d'énormes pertes pour les élèves et les étudiants. Cela, malgré un large recours au télé-enseignement. Il y a dès lors des pourfendeurs de la distanciation (physique et sociale), imposée par la Covid. Pourtant l'idée était d'éviter le problème de professeurs absentéistes.

Mots clefs : Covid-19 ; distanciation physique (ou sociale) ; difficultés d'apprentissage ; intérêt du professeur humain.

Abstract : According to experts, the closure of schools and universities during the COVID-19 pandemic will result in enormous losses for students. This is despite widespread use of distance learning. There are therefore critics of the distancing (physical and social) imposed by COVID-19. Yet the idea was to avoid the problem of absentee teachers.

Keywords : COVID-19; physical (or social) distancing; learning difficulties; the value of the human teacher.

1. – Le téléenseignement compensateur des lacunes nées de la fermeture des écoles.

Selon les spécialistes, la fermeture des établissements scolaires et universitaires, dans l'intervalle de la pandémie de Covid-19, entraînera d'énormes pertes pour les élèves et les étudiants. Cela, malgré un large recours au télé-enseignement. Un professeur, plaidant sans doute aussi pour sa paroisse, en donne cette explication.

Selon lui : *« Unité de temps et unité de lieu ont toujours caractérisé le face-à-face entre le maître et l'élève, entre le professeur et l'étudiant. C'est grâce à cette présence physique de tous que, non seulement le savoir est transmis, mais aussi et surtout la passion de la discipline enseignée, celle que les étudiants ne trouveront pas dans les livres »* (191).

Ce discours rend crédible celui des pourfendeurs de la distanciation (physique et sociale), imposée par la Covid. L'idée serait donc d'éviter d'avoir des professeurs absentéistes. Certes, la France a déjà eu à résoudre la difficulté de la disparition des classes physiques (192).

---

191) Christophe CARON, Télé-étude, *Communication Commerce électronique n°* 4, avril 2021, repère 4.

192) « *[...] pendant la Seconde Guerre mondiale, l'école a par exemple pu être interrompue en certains lieux par l'avancée des combats et les conditions matérielles et humaines de l'enseignement ont été très dégradées. La création d'une structure nationale d'enseignement par correspondance, le centre national d'enseignement à distance (CNED), a alors, pour la première fois, permis de penser l'école en dehors des murs de l'établissement, le but étant de surmonter les « interruptions ou restrictions apportées du fait de la guerre aux études [des] élèves » en leur assurant un enseignement répondant aux mêmes programmes, selon les mêmes méthodes et donné par les mêmes maîtres (rapport au Président de la République relatif au décret du 2 décembre 1939 portant création du*

Et puis, les solutions contemporaines palliatives contemporaines auront donné satisfaction (193).

2. – La fréquence de l'absentéisme des maîtres et l'importance des lacunes des élèves dans les pays du Sud.

Bien avant les confinements dus à la pandémie de Covid-19, le manque de maître (devant les élèves) se constatait déjà à travers le monde. D'abord, dans les contrées situées sous les tropiques, dans le sud de la planète.

À cet égard, affirme un encyclopédiste, « *des enquêtes dans plusieurs pays en développement ont trouvé de forts taux d'absentéisme des professeurs : un symptôme, parmi d'autres, de systèmes d'enseignement défaillants, où une forte proportion d'élèves achève le cycle primaire sans avoir acquis les compétences fondamentales, dont la lecture et l'écriture* » (194).

L'un de ses collègues soutient (ailleurs) que « *dans les pays en développement, l'absentéisme des enseignants est tel que la durée*

CNED) » (Anne REDONDO, La continuité du service public de l'éducation à l'épreuve de la covid-19, AJDA 2021. 2197).

193) « *À partir du confinement décidé en mars 2020, les Crous ont été appelés à faire face non seulement au risque sanitaire lié à la diffusion de la Covid-19 mais aussi à la crise économique et sociale générée par cette dernière. [...]. Une attention très forte a ainsi été donnée à la question du wifi afin de permettre aux étudiants de poursuivre leur cursus à distance* » (Clément CADORET, De la crise sanitaire à la crise sociale : regards sur le rôle des Crous pour venir en aide aux étudiants, RDSS 2021. 232).

194) François LECLERCQ, Éducation, Économie de l'éducation, *Encyclopædia Universalis* [en ligne], http://www.universalis-edu.com/encyclopedie/education-economie-de-l-education/.

réelle de l'année scolaire est souvent très inférieure à la durée légale » (195).

C'est un gâchis, pensent notamment les économistes. Car d'après la théorie économique, l'enseignement est « *un processus de production de capital humain dont on peut analyser l'efficacité, c'est-à-dire la façon dont les dépenses d'éducation sont traduites en résultats scolaires* » (196).

L'absentéisme des professeurs fait préférer aux élèves les établissements qui promettent à la fois l'assiduité des uns (les profs) et des autres (les élèves et surtout les étudiants).

3. – La tentation africaine d'émigration estudiantine par crainte de grèves et d'années blanches.

Un auteur (peut-être moins prestigieux que les deux encyclopédistes précités) soutient pour sa part que les étudiants africains ont un parcours trop souvent interrompu par des grèves (197). Celles-ci sont initiées par des universitaires impayés et/ou abandonnés sans soutien technique.

Elles proviennent aussi d'étudiants dont les bourses promises tardent à leur parvenir. Parfois, ces grèves durent si longtemps que l'année académique (alors exagérément raccourcie) ne doit pas compter en définitive. C'est le phénomène des années blanches (198).

---

195) Jean-Pierre JALLADE, http://www.universalis-edu.com/encyclopedie/education-les-systemes-scolaires-des-pays-developpes/

196) François LECLERCQ, précité.

197) Clotaire MOULOUNGUI, *L'incidence du droit de l'Ohada sur la fixation des étudiants africains en Afrique*, http://www.revueeuropeenne-du-droitsocial.ro/reviste/nr24/n.r24.pdf. A partir de la page 39. Année 2014.

198) L'observation montre que ce problème ne se pose avec acuité que dans les pays d'Afrique francophone. De sorte que leurs étudiants s'expatrient volontiers dans le nord de l'Afrique (notamment au Maroc) de même que

Ainsi, les étudiants sénégalais n'auront pas eu d'examens, et donc de diplômes, en 1988. Au Niger, en dix ans, quatre années blanches se seront produites (1989, 1993 et 1995, 2000). En 2013, cela a également failli être le cas en Côte d'Ivoire et au Gabon.

Pourtant la jeunesse africaine ne demande qu'à apprendre, et son continent constitue par exemple un « *contexte pertinent pour la recherche en sciences de gestion* » (199). En tous cas, le souci de bénéficier d'années pleines et utiles de formation commande à l'étudiant africain francophone d'émigrer vers la France ; tout au moins s'il appartient à une famille fortunée (200).

C'est vrai que l'absentéisme des enseignants-chercheurs de ce pays développé semble beaucoup moins dramatique. Car, outre qu'il est individuel, il affecte seulement la participation aux jurys de fin de semestre (201).

---

dans le sud de l'Afrique (essentiellement dans le pays éponyme). Dans ce dernier, l'on notera que les étudiants de master peuvent bénéficier de la Bourse d'Études Nelson Mandela Rhodes (https://greatyop.com/bourse-etude-mandela-rhodes/).

199) Amen ABIASSI, Gérard Akrikpan Kokou DOKOU, Hadj NEKKA, « *L'Afrique comme contexte pertinent pour la recherche en sciences de gestion : une contribution à partir des travaux en Marketing* », *Revue internationale des sciences de l'organisation*, 2021/1 (N° 10), p. 9-25. DOI : 10.3917/riso.010.0009.

200) L'obtention du Visa Long Séjour (base administrative d'une carte de séjour de 4 ans éventuellement) suppose de déposer, dans un compte bloqué, le prix d'un billet avion (retour) vers le pays d'origine (500 euros environ). Ensuite, il faut la preuve (ou plutôt l'engagement) d'un virement de 615 € mensuel sur le compte de l'étudiant. Pour mieux apprécier l'importance des montants en jeu, il convient de savoir que le SMIG est fixé à : 56 € au Cameroun ; 91 € au Sénégal ; 123 € au Gabon. Pour mémoire, en France et à la même époque, le SMIC mensuel se montait à 1645,58 € bruts.

201) En effet, là où une dizaine d'enseignants sont attendus, trois sont assurément présents : le président et ses deux adjoints. Sachant que le jury est valable sans exigence de quorum (autres que le président et ses deux assesseurs), le sort des étudiants (les moins bons ou, en vérité, les

4. – L'absentéisme parfois préoccupant des professeurs français du secondaire.

L'absentéisme des professeurs entrave parfois la scolarité des élèves français. En particulier, dans un des départements de la Région Île-de-France : La Seine-Saint-Denis (*"le 93"*). Un rapport parlementaire aura en définitive officialisé ce marronnier journalistique.

Son auteur y critique les indicateurs imaginés par la DRH du ministère de l'Éducation Nationale pour l'évaluation de l'efficience de leur dispositif de remplacement des maîtres (202). L'idée ministérielle (remise en cause) est que, dans les 15 jours, tout professeur absent soit remplacé.

En 2008, ces commis de l'État avaient cru pouvoir se féliciter de l'atteinte d'un taux de 96,6 % de remplacement. Or, ils ne visaient normalement que 96 % dans leurs projections de performance (203).

---

médiocres) est abandonné au bon vouloir de ces trois professeurs. Normalement, la délibération consiste en un échange sur le dossier (notes et … comportement !) des étudiants situés légèrement en dessous de la moyenne. La question posée étant de savoir s'il convient de leur rajouter des centièmes de points, afin de leur permettre l'admission. Les enseignants présents se dévouent (se dévouaient) alternativement ou cumulativement à un tel don de points. Il y avait même une sorte de marchandage. Celui-ci n'a plus lieu, maintenant qu'un logiciel accorde automatiquement les *"points jury"*. Sauf si quelqu'un s'y oppose. À la vérité, le jury conserve le pouvoir de se montrer plus ou moins généreux que l'ordinateur.

202) François CORNUT-GENTILLE, Modernisation de l'État, qualité des services publics et indicateurs, rapport 2010.

203) « *Alors que les polémiques sont nombreuses sur l'absentéisme dans l'éducation nationale depuis plus de vingt ans, la situation n'est pas plus critique qu'ailleurs [dans les autres administrations]* » (Mattea BATTAGLIA, https://www.lemonde.fr/societe/article/2021/12/02/les-enseignants-ne-sont-pas-plus-absents-que-les-autres-agents-de-la-fonction-publique_6104426_3224.html.

N'empêche qu'une association de parents d'élèves aura plutôt relevé un taux de 90 % seulement.

Dans ces conditions, conclut le rapport : *« sur toute une scolarité, l'élève perd une année »* à cause de l'absentéisme de ses enseignants.

5. – L'inégalité entre élèves Français relativement à l'absentéisme des professeurs.

Tous les élèves de France ne reçoivent pas le même nombre d'heures de cours. Car le taux de remplacement n'est en réalité que de 70 % dans les zones d'éducation prioritaire ; *« soit la perte de près de quatre années) »*, précise le RAPPORT SÉNATORIAL CORNUT-GENTILLE (204).

Le ministère aurait donc tort de se contenter de ce qu'aucun élève ne soit privé d'un de ses enseignements pendant plus de 15 jours. Car, avant cette quinzaine, bien des cours auront été ratés par l'élève ; et sans possibilité de rattrapage ultérieur. Or cette difficulté est susceptible de se poser chaque mois.

L'idéal serait par conséquent de plutôt se préoccuper du nombre de cours perdus avant que le nouvel enseignant ne prenne enfin la place de l'absentéiste. En tous cas, il est compréhensible que ces élèves malchanceux bénéficient par la suite d'un coup de pouce lors de l'accès aux grandes écoles de la République (205).

---

204) « *La base humaine de l'éducation prioritaire apparaît pourtant, elle aussi, d'une stabilité relative. Les statistiques issues du bilan social du ministère confirment, d'une part, que les enseignants affectés dans une école ou un établissement relevant de l'éducation prioritaire restent globalement moins longtemps sur leur poste que les autres enseignants, d'autre part, que les enseignants y sont globalement moins expérimentés* » (Dorothée PRADINES et Thomas JANICOT, Au service de l'éducation prioritaire : compenser et récompenser, AJDA 2022. 1212).

205) « *L'égalité des chances est aujourd'hui un leitmotiv que l'on retrouve dans les discours politiques et dans les déterminants de l'action publique. Face à*

6. – Les lacunes moindres des tout-petits en cas d'absentéisme de leurs encadrants.

À première vue, les lacunes générées par l'absentéisme des adultes semblent négligeables pour les enfants accueillis en crèches, puisqu'il n'y aurait pas d'enseignement. Au reste, dès leurs trois ans, ils quitteront ces structures pour gagner les classes maternelles (206).

Néanmoins, une crèche française ne se borne plus dorénavant à garder et surveiller les enfants. Elle doit en effet leur offrir par ailleurs un projet pédagogique d'éveil. Cette évolution heureuse pèse paraît-il lourdement sur les finances publiques locales (207). Quoiqu'il en soit, l'objectif d'éveil s'efface en cas d'absentéisme du personnel de puériculture.

Autrement dit, en cas de sous-effectif dû à l'absentéisme, une crèche assumera seulement la première partie de sa mission, la garde

---

la fracture sociale et au délitement du lien social il apparaît, en effet, important de recréer les voies d'une promotion redonnant espoir en une société qui a du mal à assurer sa cohésion » (Martine LONG, Discrimination positive et accès à Sciences-Po Paris, *AJDA* 2004. 688).

206) « *L'accueil des enfants à l'école maternelle commence à l'âge de trois ans. Cependant, dès l'âge de deux ans, un enfant peut être inscrit à l'école maternelle. [...]. Cette scolarisation précoce n'est pas un droit mais elle est une réalité qui varie de façon très sensible selon les académies* » (C. DE GAUDEMONT, Pour un nouveau service public : la création de jardins d'éveil, AD 6 novembre 2008). Le Code de l'éducation (art. L113-1) envisage ce rajeunissement des usagers surtout dans les écoles enfantines situées dans un environnement social défavorisé (en ville, en montagne, en zone rurale, ou en outre-mer).

207) « *L'abaissement de l'âge de la scolarité obligatoire a également provoqué l'ire des communes, non sur le principe, mais en raison du coût, mal compensé, qu'il entraîne pour elles* » (Marc DEBENE, L'École sous le pavillon de la confiance, AJDA 2019. 2300).

(208). De toute façon, les parents se soucient surtout de la pérennité de la garde, pour qu'ils puissent aller vaquer à diverses occupations sans leurs enfants.

7. – L'inassiduité de doctorants et leurs thèses finalement perpétuelles.

À l'autre extrémité des (petits) apprenants, il y a les thésards. Ces doctorants sont censés travailler en autonomie pour parfaire leur formation universitaire. Quelques uns d'entre eux ajoutent même à leur casquette d'étudiant celle d'enseignant assimilé.

Curieusement, leur autoformation ne souffre pas moins d'inconstance et d'absentéisme. Deux de leurs maîtres s'en sont ouverts dans les colonnes d'une revue juridique. En l'occurrence, l'éloignement estudiantin des activités qui devraient occuper l'essentiel de leur temps est clairement exprimé par le titre de l'article : *« La bourse et la (belle) vie »*.

On y lit en particulier ceci : *« un certain nombre de thèses financées grâce à des contrats doctoraux ne sont jamais soutenues dans les facultés de droit »* (209).

---

208) Emmanuel DUMONT et Antoine ROTGER, Le remplacement dans les crèches, un jeu d'enfants ?, ESKA, *Annales des Mines, Gérer et comprendre*, 2008/3, n° 93, pages 14 à 22, https://www.cairn.info/revue-gerer-et-comprendre1-2008-3-page-14.htm.

209) Caroline CHAMARD-HEIM et Philippe YOLKA, La bourse et la (belle) vie, *AJDA* 2021. 1607. Les deux auteurs préconisent alors une solution bien radicale. Selon eux : « *Pour mettre fin à ce gaspillage de deniers publics, une obligation de résultat devrait être prévue et des actions en récupération engagées, le cas échéant* ». Une réponse critique aux deux professeurs provient de deux maîtres de conférences : Ariane AMADO et Armand DESPRAIRIES, Il était une fois, dans le monde bien confortable d'un doctorant rentier, *AJDA* 2021. 2057.

8. – Une indisponibilité estudiantine liée à l'exercice parallèle d'un emploi alimentaire.

L'inassiduité des doctorants paraît excusable, car ils sont parfois obligés de mener de front la recherche et une activité susceptible de leur permettre de satisfaire leurs besoins élémentaires. A contrario, l'absentéisme serait moins fréquent de la part de doctorants vivant de leurs rentes ou bien d'une fortune familiale.

Le thésard vivra aussi éventuellement d'une pension de retraite, à supposer qu'il soit désormais rémunéré à ne rien faire d'obligatoire au profit d'un employeur. Il se profile forcément une sélection par l'argent, de même que par la disponibilité exclusive pour ses études (210). Cette seconde exigence aurait interdit à LAVOISIER de songer à ses découvertes en chimie ; et nous n'aurions pas le principe selon lequel : *« rien ne se crée, rien ne se perd, tout se transforme »*. Car cet *"honnête homme"* du Siècle des Lumières menait ses travaux scientifiques pendant son temps libre ; c'est-à-dire lorsqu'il ne devait pas aller pourchasser les débiteurs des impôts royaux (211).

---

210) Le mardi 20 septembre 2022, les stations de Radio France (notamment) diffusaient cette information : « *La Fage, premier syndicat étudiant, fait le constat qu'en dix ans, la France a perdu 10 000 inscrits en doctorat. En cause, les difficultés de financements et les conditions de recherches dégradées* » (https://www.francetvinfo.fr/economie/pouvoir-achat/info-franceinfo-precarite-un-quart-des-doctorants-ne-parvient-pas-a-subvenir-a-ses-besoins-selon-une-etude-de-la-fage_5370199.html). Cf. aussi Marina CHAO, Carlotta MONINI, Signe MUNCK, Samuel THOMAS, Justine ROCHOT et Cécile VAN DE VELDE, Les expériences de la solitude en doctorat. Fondements et inégalités, Dossier « La socialisation des doctorants en sciences humaines », 2015, https://doi.org/10.4000/socio-logos.2929.

211) Une activité principale à cause de laquelle il perdra la tête (au sens propre) lors de la période révolutionnaire suppressive de l'ancien Régime. Avec 27 autres fermiers généraux, il mourra guillotiné le 8 mai 1794 à 50 ans. Au fond : « *La révolution française, lors des pires heures de la Terreur, a envoyé de nombreux innocents à la mort. En guillotinant Lavoisier, scientifique et citoyen visionnaire, elle a privé la société d'un homme d'exception* »

Pour éviter les thèses interminables, puis les abandons exprès de celles-ci, la politique académique commande dorénavant le refus de tout candidat sans ressources financières stables (212). Les prestations d'aide à la personne sont celles que nos étudiants peuvent le plus facilement se voir confier temporairement (213). Le cas échéant, ils partagent alors avec d'autres les secrets de la structure d'accueil ; pour le meilleur et pour le pire.

(https://www.cnrs.fr/cw/dossiers/doslavoisier/contenu/alternative/alter2_textes.html).

212) Au fond, « *Vu le nombre de chercheurs qui partiront à la retraite dans les dix ans à venir, le nombre total de chercheurs nécessaires est encore plus élevé. L'UE et les États membres devraient renforcer leur attractivité et la formation de jeunes chercheurs, et veiller à offrir des possibilités de carrière* » (Document de la Commission COM (2010) 546 final du 6 octobre 2010 Communication de la Commission […]).

213) La situation du thésard est quelquefois particulièrement pathétique comme le révèle cet attendu d'arrêt : « *Attendu que Monsieur Abel B.B. fait valoir qu'il est étudiant en doctorat et perçoit le chômage ayant perdu l'emploi d'agent technique qu'il exerçait* » (Cour d'appel de Lyon, ch. 02 B, 15 mars 2016 / n° 14/07299).

UNE LEÇON DE MORALE AU SALARIÉ ET/OU UN HARCÈLEMENT MORAL

Clotaire MOULOUNGUI
Maître de conférences hors classe à l'ULCO (académie de Lille)
Ancien Chef du Département Gestion des Entreprises et des Administrations
Responsable de la licence professionnelle Métiers de la Gestion et du Social

Résumé : Dans la société contemporaine, les avertissements, les observations, les rappels à l'ordre et les remontrances apparaissent comme d'affreuses manifestations du harcèlement moral. En d'autres termes, l'autorité étant désormais décriée (et presque en déclin partout), chacun ne s'attend plus désormais qu'à des félicitations de ses chefs. Certes, le harcèlement est parfois réel, aussi bien dans le secteur privé que dans le secteur public.

Mots clefs : Absentéisme ; rappel à l'ordre ; avertissement ; souffrance au travail ; harcèlement moral.

Abstract : In contemporary society, warnings, observations, reminders, and reprimands appear as horrific manifestations of moral harassment. In other words, with authority now decried (and in decline almost everywhere), everyone now expects nothing but praise from their superiors. Certainly, harassment is sometimes real, in both the private and public sectors.

Keywords : Absenteeism; reminder; warning; workplace suffering; moral harassment.

1. - L'allergie de quelques absentéistes aux avertissements et remontrances.

Dans la société contemporaine, les avertissements, les observations, les rappels à l'ordre et les remontrances apparaissent comme d'affreuses manifestations du harcèlement moral. En d'autres termes, l'autorité étant désormais décriée (et presque en déclin partout), chacun ne s'attend plus désormais qu'à des félicitations de ses chefs.

Certes, le harcèlement est parfois réel, aussi bien dans le secteur privé que dans le secteur public. Mais le 21 juin 2012, une secrétaire dactylographe s'agaça de se retrouver devant un local professionnel à ouverture (trop) compliquée. En réaction, elle décida *« d'en partir et de revenir deux jours plus tard »*.

Ses absences fantaisistes étant déjà fréquentes, alors son employeur la licencia. Ce dont l'intéressée s'ouvrit aussitôt à la justice prud'homale ; sans du reste se limiter à arguer le caractère injustifié du licenciement. En effet, elle déplorait en outre d'avoir reçu des courriers intempestifs, susceptibles de faire apparaître l'employeur comme un harceleur.

Néanmoins, cette salariée aura été déboutée par la cour d'appel de Basse-Terre (06 février 2017). Car, ont jugé les conseillers guadeloupéens : *« l'examen des divers courriers adressés à la salariée [révélait] que ceux-ci sont l'expression du pouvoir normal de direction de l'employeur, celui-ci interrogeant naturellement sa secrétaire sur ses absences répétées et injustifiées pour certaines d'entre elles »* (214).

Ainsi, les salariés ne convainquent pas toujours en alléguant qu'aura pesé sur eux une oppression de chefs (hostiles à tout absentéisme).

---

214) Cour d'appel de Basse-Terre, 6 février 2017, Cabinet d'avocat Jocelyn Z, n° de RG : 15/01077.

L'affirmation est même particulièrement vraie à l'égard des cadres et directeurs. À croire que plus l'on s'élève, moins l'on devrait être sensible à la critique vigoureuse et peut-être injuste de ses chefs.

2. – Le dilemme entre contrôle de l'absentéisme et du temps de travail et respect dû à chacun.

L'absentéisme du travailleur peut être incontestablement dû à sa peur d'aller subir des actes de harcèlement au sein de son collectif de travail. Subsidiairement, le harcèlement déjà subi est de nature à constituer la cause de la maladie qui alors provoquera des arrêts de travail.

Pour commencer, au sein des organisations (publiques et privées) se posent simultanément la question des méthodes de management de leurs équipes de travail par l'encadrement et la question de l'acceptation constructive des remarques de leur hiérarchie par les travailleurs. En cas de procès, l'employeur et le travailleur avancent réciproquement des argumentions en général défendables, qu'il faut donc départager.

Ainsi, dans une affaire, la cour d'appel de Paris (10 mai 2007) aura dû choisir entre deux attestations qui étaient l'une et l'autre crédibles. Celle en faveur du salarié soutenait que le chef hiérarchique *« était constamment sur le dos de M. X... et le harcelait continuellement pour des raisons injustifiées [...], contrôle permanent des heures d'arrêt et de reprise de travail, ne nous laissant même pas le temps pour se laver les mains ou aller aux toilettes [...] »*. La seconde attestation, en revanche au profit de ce chef dévoilait au contraire que le salarié *« supportait mal les remarques de M. Y... qui semblaient justifiées et ne constituaient pas un harcèlement »* (215).

---

215) Une troisième attestation, en provenance du propriétaire de l'immeuble où se déroulaient les travaux semblait plus neutre : elle disait n'avoir rien vu qui s'apparentât à du harcèlement. Par ailleurs, il y avait en l'espèce deux certificats médicaux. Celui du médecin traitant, lequel mentionnait un

Pourtant, la Cour de cassation (30 avril 2009) y aura vu des indices conduisant à la présomption (simple) de harcèlement (216). Il revenait par conséquent à l'employeur de convaincre du contraire, conformément au Code du travail (article L1154-1).

3. – La compassion plutôt que la punition envers l'absentéiste fragilisé.

L'absentéisme du salarié suscite parfois de la compassion envers lui, plutôt que la punition. C'est de la sorte que la cour d'appel de Versailles (23 mai 2012) aura-t-elle condamné un employeur pour être resté aveugle à deux facteurs psychosociaux vécus par un salarié (217).

Le premier de ces signaux était précisément l'absentéisme, *« même si l'employeur pouvait ignorer les motifs des arrêts maladie pour état anxio-dépressif »*. Le second signal d'alerte était l'exaspération de la salariée. Car non seulement elle avait sollicité un entretien avec le directeur, elle avait en outre souhaité qu'on la licenciât.

Or, aucune mesure de prévention (pourtant nécessaire) n'aura alors été prise. Aussi les conseillers versaillais ont-ils jugé que la *« souffrance au travail de Mme X... sur le site de Châtillon »* révélait un harcèlement moral, au sens de l'article L4121-2, 7o du Code du travail.

Dans le même ordre d'idées, une employée de mairie aura réussi à faire condamner le maire au paiement de 1000 euros d'amende, et au versement de dommages-intérêts à son profit pour harcèlement moral.

état dépressif ; et celui du médecin du travail, lequel établissait une inaptitude du salarié. Aucun des deux médecins n'imputait l'état dépressif et l'inaptitude au harcèlement.

216) CASS. SOC., 30 avril 2009, pourvoi n° 07-43219, Société MB Peinture ; cette décision rappelle que « *le salarié n'est tenu que d'apporter des éléments qui permettent de présumer l'existence d'un harcèlement moral* ».

217) Cour d'appel de Versailles, 23 mai 2012, n° de RG : 10/05277.

Il est en effet apparu qu'elle aura souffert *« de réflexions répétitives et désobligeantes [...], de reproches injustifiés sur son travail [...] »* (218). D'ailleurs la cour d'appel de Riom (4 novembre 2004) a été approuvée par la Cour de cassation (21 juin 2005) ; celle-ci aura rendu un arrêt de rejet contre le maire (219).

Dans une autre affaire encore, les juges auront condamné l'employeur d'une salariée ayant en particulier démontré *« qu'elle avait subi à plusieurs reprises des violences verbales de la part de sa supérieure hiérarchique »* (220). Ces agissements de la hiérarchie sont susceptibles d'entraîner des absences du personnel.

4. – La tentation d'un entretien de recadrage sur les absences du salarié.

C'est plus ou moins rapidement que l'absentéiste finit par revenir au travail. Alors, sa hiérarchie cherche parfois à discuter avec lui (gentiment ou sèchement) de ses absences. S'il est particulièrement

---

218) En vérité onze autres reproches étaient faits au prévenu. Il avait été question de : refus d'harmoniser le traitement de Marie Y... sur la loi des 35 heures ; exclusion temporaire pour trois jours ; réduction du temps de travail de 7 heures à 3 heures hebdomadaires ; changement unilatéral des horaires de travail de Marie Y... ; refus de la laisser accéder sur son lieu de travail en changeant les serrures de la porte d'entrée de la mairie ; décision de l'isoler dans une salle de mairie afin de contrôler étroitement l'accès aux documents ; changement du mot de passe de son ordinateur ; obligation devant laquelle elle fut mise de présenter des excuses au maire et à son adjoint ; non paiement de ses salaires depuis le mois de juillet 2002 ; mise en demeure en décembre 2002 pour abandon de poste et radiation des cadres. Ce nombre important d'agissements et leur objectif malveillant exposait forcément leur auteur aux dispositions de l'article 222-33-2 du Code pénal.

219) Cass. Crim., 21 juin 2005, maire de Laval-sur-Doulon, pourvoi n° 04-86936, Bull. n° 187, p. 661.

220) Cass. Soc., 28 octobre 2014, pourvoi n° 13-11855 ; rejet du pourvoi contre l'arrêt de la cour d'appel d'Aix-en-Provence (7 décembre 2012).

sensible et sourcilier, l'affaire se retrouvera probablement devant la justice.

Or celle-ci entend être au soutien du pauvre travailleur ; tout au moins en général (221). Dans cet ordre d'idées, un arrêt de la cour d'appel de Nancy (30 mai 2011) a été confirmé par la Cour de cassation (12 février 2013). Il fut enjoint à l'employeur *« de mettre fin au dispositif de sensibilisation à l'absentéisme destiné aux salariés revenant d'un arrêt pour maladie »* (222).

Cet employeur (la SOCIÉTÉ SOVAB) devait en outre payer des dommages-intérêts au SYNDICAT CGT de l'entreprise. Le dispositif critiqué prévoyait des *"entretiens retour d'absence »*. C'est-à-dire que tout salarié qui avait dû s'absenter (quelques heures, quelques jours ou quelques semaines) se voyait expliquer la *« désorganisation de la production »* provoquée par sa défection.

L'intéressé signait ensuite un document attestant qu'il avait bien compris les enjeux en cause. Le lecteur s'imaginera ici que les absences visées concernaient celles étrangères à la marche normale

---

221) Par exemple, une juridiction antillaise aura débouté une salariée au vu de ce que : « *concernant les emails invoqués [...] comme caractérisant, selon elle, des faits de harcèlement, il apparaît que celle-ci a développé une sensibilité aigüe et une hyper-susceptibilité ne lui permettant plus d'appréhender objectivement ses rapports avec la hiérarchie* » (Cour d'appel de Basse Terre, 20 mars 2017, n° 15/00458). Dans une autre affaire, une salariée avait pu avouer dans un « *courrier qu'on peut lui reprocher ses retards, sa susceptibilité et sa sensibilité, mais que ces "touts petits" travers (sic) sont compensés par son professionnalisme* » (Cour d'appel de Paris, 29 mars 2016, n° 15/07001). Enfin, un employeur argumentait de la façon suivante devant une cour d'appel : « *La société ACRO ACCESS nous a indiqué que vous étiez "à prendre avec des pincettes", qu'il n'avait pas le temps de ménager votre susceptibilité et votre sensibilité exacerbée* » (Cour d'appel de Chambéry, Chbre Sociale Prud'hommes, 21 juillet 2022, n° 20/01459).

222) CASS. SOC., 12 février 2013, n° 11-27.689, Syndicat CGT Sovab c/ SNC Société Sovab. Obs. : Frédéric-Jérôme PANSIER, *CSBP* mars 2013, n° *CSBP*2013-250-S66, p. 89.

de l'entreprise. Curieusement, et même s'il est vrai que les salariés revenant de formations obligatoires n'étaient pas visés, ceux de retour d'un accident du travail l'étaient.

La sensibilisation ciblait a fortiori les absences imputées à une maladie non-professionnelle. Voilà pourquoi les conseillers nancéens ont vu dans le dispositif litigieux *« une discrimination indirecte » ;* même si ce dispositif semblait neutre de prime abord (223).

En tous cas, aura proclamé la Cour de cassation (12 février 2013), la juridiction du second degré *« a à bon droit ordonné qu'il y soit mis fin ».* En définitive, l'employeur reçoit deux injonctions contradictoires de la part des juges : devoir s'intéresser aux causes d'absence du travailleur ; éviter de s'immiscer dans la vie privée et la santé du salarié.

5. – L'indiscrétion sur des situations individuelles en cas de débat avec les absentéistes.

Au regard de la jurisprudence (défavorable aux cérémonies de sensibilisation des absentéistes), sans doute l'ANACT se trompe-t-elle dans l'une de ses recommandations. Cette recommandation est

---

223) *« [...] il apparaît que la Cour de cassation admet l'existence d'une discrimination indirecte sans exiger des parties (et des juges du fond) une réelle démonstration ». [...] Les dispositions légales autorisent une légitimation des discriminations indirectes si la pratique est objectivement justifiée par un but légitime et si les moyens pour réaliser ce but sont nécessaires et appropriés. Malheureusement l'arrêt ne discute pas – fût-ce pour l'écarter – ce point. Au final, la solution pose la question de sa cohérence avec la jurisprudence selon laquelle un accord collectif peut tenir compte des absences pour le paiement d'une prime, à la condition que toutes les absences, hormis celles qui sont légalement assimilées à un temps de travail effectif, entraînent les mêmes conséquences sur son attribution »* (Jean-Benoît COTTIN et Arnaud MARTINON, Variations sur la notion de discrimination et le principe d'égalité, La Semaine Juridique Social n° 41, 8 Octobre 2013, 1398).

contenue dans une sorte de bréviaire conçu pour les employeurs confrontés à l'absentéisme (224).

Il y est notamment préconisé d'informer « *l'ensemble des acteurs de la situation et des conséquences économiques et organisationnelles liées à l'absentéisme* » (225). Pourtant, c'est bien ce à quoi procédait l'entreprise (SOCIÉTÉ SOVAB) dont nous venons de voir qu'elle avait ensuite été condamnée en justice.

Il est vrai que l'ANACT ajoute aussitôt que « *cette communication doit cependant éviter d'être descendante et culpabilisante* ». Cette précision ne rassure guère, car même en raisonnant a contrario, cela signifierait que les observations venant (plutôt) des propres collègues de l'absentéiste seraient préférées, voire encouragées.

Or, le cas échéant, des « *règlements de comptes* » entre eux seraient logiquement à redouter. Car quelques salariés se persuaderont du caractère fantaisiste de nombre d'absences. Quant à l'évitement de la culpabilisation des absentéistes, c'est un objectif qui échouera du fait de la trop grande sensibilité de certains d'entre ceux-ci (aux leçons de morale).

Sans compter que des présents mettront peut-être clairement en avant la surcharge de travail pesant sur eux à cause des absences

---

224) L'ANACT est l'Agence Nationale pour l'Amélioration des Conditions de Travail. Si elle a été mise en place depuis 1973, auprès du ministère du travail, ses règles actuelles de fonctionnement relèvent du décret n°2015-968 du 31 juillet 2015.

225) « *Il peut aussi être utile de rappeler les règles d'usage en cas d'absentéisme : obligation sous 48 heures de transmettre la justification de l'arrêt, prévenance rapide des encadrants de proximité, etc.* » (ANACT, 10 questions sur absentéisme, https://fr.calameo.com/read/000088155502cf32ed138).

litigieuses (226). D'où la position inverse de la CNIL dans un domaine voisin (227).

6. – Le harcèlement du salarié absentéiste car malade.

La cour d'appel de Douai (20 mars 2018) a confirmé un jugement condamnant l'ENTREPRISE TOYOTA dans le cadre de pressions exercées sur un absentéiste afin que celui-ci se rende plus disponible pour le travail (228).

C'est vrai que le salarié en question avait alterné des périodes de maladies et des périodes d'activité entre juin et septembre 2006. Puis ses visites médicales de reprise avaient conduit à l'adaptation nécessaire de son poste de travail. Or à partir du mois d'avril 2007, un syndrome dépressif se sera rajouté à ses difficultés physiques, des difficultés qu'il imputait à un accident du travail.

On notera que malgré ses doutes, l'employeur avait procédé à la déclaration sociale de cet accident. Par ailleurs, le salarié se plaignait d'avoir reçu des courriers dits de *''présentéisme''* (229).

---

226) Notre crainte est peut-être excessive. Car de nombreux salariés donnent volontiers leurs jours de congés aux collègues dont les absences leur apparaissent légitimes. Problème : comment juger sans risque de se tromper qu'un absentéiste est excusable ?

227) La CNIL aura décidé « *de refuser d'autoriser des dispositifs "d'alertes éthiques" destinés à signaler les comportements fautifs des salariés par d'autres salariés. Selon elle en effet, ce dispositif pourrait conduire à un système de délation professionnelle et son caractère anonyme pourrait renforcer le risque de dénonciation calomnieuse. De plus, ce système est disproportionné au regard des objectifs poursuivis et des risques de stigmatisation des salariés concernés par l'alerte* » (Isabelle DESBARATS, La valeur juridique d'un engagement dit socialement responsable, La Semaine Juridique - Entreprise et Affaires, 02/02/2006).

228) Cour d'appel de Douai ch. sociale 30 mars 2018 n° 83/18.

229) L'un d'eux invoquait son remplacement définitif à défaut d'amélioration notable de son assiduité. Indifférente a donc paru être la justification des absences par des certificats médicaux. D'un autre côté, en considération de

L'employeur n'a compris d'être ainsi traîné en justice, alors qu'il avait toujours fait preuve de diligence envers son salarié. Il a encore moins compris que les premiers juges l'ait condamné.

En vérité, a précisé la cour d'appel douaisienne, *« l'employeur aurait dû, au regard des difficultés psychologiques précédemment rencontrées par le salarié du fait notamment de lettres dites de présentéisme rédigées en termes inappropriés, avoir conscience du danger auquel était exposé le salarié et qu'il n'a pas pris les mesures nécessaires pour l'en préserver, en n'invitant pas notamment ses supérieurs hiérarchiques à adopter un comportement et des termes adaptés à l'état psychique du salarié ».*

En l'espèce, des lettres pourtant déjà anciennes auront joué (un rôle) contre l'employeur. Oui, ce dernier aura commis une faute inexcusable envers son salarié fragile (230). Dans une affaire comparable, la Cour de cassation (03 avril 2013) avait considéré qu'il y avait eu harcèlement moral à l'encontre d'une salariée maladive finalement devenue physiquement inapte (231).

---

sa pathologie dorsale, la médecine du travail avait recommandé l'aménagement de son poste de travail. Ce qui fut fait.

230) Le problème est qu'avant ces lettres, un syndicat avait déjà attiré l'attention de l'employeur sur la fragilité (voire la fragilisation) du salarié.

231) CASS. SOC., 03 avril 2013, pourvoi n° 11-27.054, SOCIÉTÉ LUNDBECK. La cour d'appel de Paris (27 septembre 2011) a été l'auteur de l'arrêt ici attaqué, dont le pourvoi aura été rejeté. En l'espèce, la salariée avait subi une mutation au motif qu'elle avait du mal à travailler avec une collègue. C'était le 24 novembre 2007. Six jours après, le 30 novembre elle s'était retrouvée en arrêt de travail pour maladie. Or, *« il lui avait été demandé par la direction le descriptif de deux dossiers ». Puis, à partir du 2 décembre, elle n'avait plus à s'occuper que de l'un des deux dossiers. Quelques jours avant et après, « elle avait à plusieurs reprises fait l'objet de reproches ou de demandes pressantes de la direction »*. Alors, le 7 décembre 2007, elle aura de nouveau été placée en arrêt de travail pour maladie jusqu'à 20 décembre. À l'issue de celui-ci, elle a été déclarée inapte.

7. – L'admissibilité relative de reproches aux salariés absentéistes et autres.

Les employeurs redoutent désormais une condamnation pour harcèlement moral en s'intéressant aux arrêts maladie de leurs salariés. Dès lors, un travailleur absentéiste chronique pourrait se croire à l'abri du moindre reproche de la part de ses chefs. Mais c'est un jeu psychologique malsain dont le sort juridictionnel n'est pas toujours jeté à l'avance. Ainsi, dans une espèce, une salariée aura vainement présenté à la cour d'appel de Bordeaux (31 mai 2018) cet extrait d'un échange épistolaire avec son chef.

À savoir : *« S'agissant du harcèlement, de la pression constante, vous m'avez indiqué qu'il ne s'agissait que du "rythme nécessaire au fonctionnement de l'entreprise". Vous me permettrez de ne pas partager votre point de vue. Ce n'est pas en étant en permanence sur le dos de ses collaborateurs que l'on fait avancer les choses »*.

Une sorte de preuve préconstituée à soi-même. En tous cas, la Cour de cassation (1 juillet 2020) aura fini par donner tort à ce salarié (232). Pour sa part, la cour d'appel précitée aura été juridiction de renvoi après cassation (233).

Dans une autre affaire, un salarié se plaignait de propos désobligeants tenus à son égard par le chef de poste, dont les dires lui avaient été rapportés par des collègues. Mais il a été débouté par la cour d'appel de Lyon (20 novembre 2015). Celle-ci s'est particulièrement fondée sur le fait que le chef en cause *« n'a tenu aucun des propos relatés par les témoins devant M. Y... lui-même et rien n'indique qu'ils étaient destinés à lui être rapportés »*.

---

232) CASS. SOC., 1 juillet 2020, pourvoi n° 18-20482. La salariée s'appuyait sur sa propre correspondance à l'employeur poursuivi. Mais l'arrêt ne permet pas de noter clairement l'inopérance de cette preuve à soi-même.

233) CASS. SOC., 3 février 2017, pourvoi n° 15-16.340.

Manifestement, n'aura pas importé le fait que ce chef « *appréciait peu le salarié* ». Au contraire, la Cour de cassation (17 mai 2017) aura penché pour un défaut de base légale (234).

8. – La qualification juridique faites des remarques aux absentéistes et autres fautifs.

Un responsable de magasin n'a pas compris que la cour d'appel d'Aix-en-Provence (25 juin 2007) refuse de voir des sanctions disciplinaires dans des lettres qu'il avait reçues de son employeur. Mieux, la Cour de cassation (3 février 2010) lui aura répondu que : *« la cour d'appel a décidé à bon droit que les lettres de l'employeur qui se bornaient à demander au salarié de faire un effort pour se ressaisir ne constituaient pas une sanction disciplinaire, mais un simple rappel à l'ordre »* (235).

Curieusement, dans la même affaire, les propres observations et injonctions de ce Monsieur SANDRO X, sont apparues critiquables. Contre lui aura notamment joué ce témoignage : *« le personnel s'est plaint plusieurs fois de l'attitude particulièrement insistante de Monsieur SANDRO X... ; il l'avait perpétuellement sur le dos pour faire et refaire des tâches mal accomplies ».*

De plus, selon un autre témoignage : *« il passait son temps à courir sur le dépôt en disant qu'il en avait marre de travailler avec des*

---

234) La cour lyonnaise se sera trompée « *en procédant à une appréciation séparée de chaque élément invoqué par le salarié, alors qu'il lui appartenait de dire si, pris dans leur ensemble, les éléments matériellement établis laissaient présumer l'existence d'un harcèlement moral, et dans l'affirmative, d'apprécier les éléments de preuve fournis par l'employeur pour démontrer que les mesures en cause étaient étrangères à tout harcèlement moral* » (CASS. SOC., 17 mai 2017, pourvoi n° 16-10529). Les frontières du harcèlement et de la discrimination se rapprochent assurément si de retour de son absence, un salarié est reçu en vue d'une leçon de morale.

235) CASS. SOC., 3 février 2010, pourvoi n° 07-44491.

incompétents ». Un autre encore pointait le fait qu'il *« s'adressait à toute l'équipe de façon autoritaire, sans politesse ; à plusieurs reprises, il a menacé de rétrogradations, de mutations »*.

9. – La différence de l'entretien vexatoire avec l'entretien légal de retour de maladie.

Les entretiens sauvages organisés par un employeur désespéré par l'absentéisme de son personnel ne se confondent pas avec les entretiens prévus par la loi au profit du salarié de retour d'une longue absence. En tous cas, l'objectif de cet entretien légal ne saurait aboutir à stigmatiser le *''revenant''*, au lieu de l'aider à ne point perdre pied grâce à un accompagnement (236).

Il s'agit concrètement de voir (avec lui) quels aménagements l'arrangeraient, du point de vue de l'ergonomie, des horaires, ou de la formation (interne ou externe). Il serait souhaitable de former les managers à la conduite des entretiens, de façon à éviter maladresses et malentendus à un moment censé être bienveillant (237).

---

236) Plusieurs articles du Code du travail renvoient à l'accompagnement de la personne de retour de congé. Par exemple : à l''expiration de son mandat politique, le salarié bénéficie, « *en tant que de besoin, d'une réadaptation professionnelle en cas de changement de techniques ou de méthodes de travail » (*Code du travail, Article L3142-84, alinéa 3). De même, après son congé d'entrepreneur *« Le salarié qui reprend son activité dans l'entreprise à l'issue de son congé bénéficie en tant que de besoin d'une réadaptation professionnelle, notamment en cas de changement de techniques ou de méthodes de travail* » (Code du travail, Article L3142-110). Code du travail, article R4624-20 : « *En vue de favoriser le maintien dans l'emploi des salariés en arrêt de travail d'une durée de plus de trois mois, une visite de préreprise est organisée par le médecin du travail à l'initiative du médecin traitant, du médecin conseil des organismes de sécurité sociale ou du salarié* ».

237) Code du travail, article L6315-1 : « *A l'occasion de son embauche, le salarié est informé qu'il bénéficie tous les deux ans d'un entretien professionnel*

En outre, il serait prudent de faire valider les modalités de l'échange par le CSE (le comité social et économique). S'agissant de salariés en rémission, le médecin du travail aura préalablement fourni les bases de la discussion. Alors, peut-être le reclassement à un autre poste sera-t-il la conclusion de l'échange bienveillant.

Le secret médical sera naturellement préservé. C'est un principe qui contraint les professionnels de santé et les tiers (respect de la vie privée), mais non pas le malade lui-même. Il demeure libre de s'épancher abondamment sur les épaules compatissantes (238). Mais les experts, les parents et les collègues s'obligent au respect de sa vie privée (239).

---

avec son employeur consacré à ses perspectives d'évolution professionnelle, notamment en termes de qualifications et d'emploi. Cet entretien ne porte pas sur l'évaluation du travail du salarié. Cet entretien comporte également des informations relatives à la validation des acquis de l'expérience, à l'activation par le salarié de son compte personnel de formation, aux abondements de ce compte que l'employeur est susceptible de financer et au conseil en évolution professionnelle (Modifié par LOI n°2019-486 du 22 mai 2019 - art. 11 (V)) ».

238) Jean-Christophe SAINT-PAU, Le secret médical, « droit propre au patient », *La Semaine Juridique Edition Générale* n° 6, 8 février 2021, 151 ; Audrey FABRE et Brigitte CLAVAGNIER, L'accès de l'usager à son dossier, *JA* 2006, n°342, p.19. .

239) Maxime CAUCHY et Amélie DIONISI-PEYRUSSE, Le droit au secret médical et son application en matière d'assurances, *D.* 2005. 1313 ; Mathias COUTURIER, Le secret médical : secret du patient ou secret de famille ?, *Droit de la famille n°* 11, novembre 2005, comm. 253 : « *Le secret médical a-t-il vocation à être partagé dans le cadre familial ? C'est toute la question posée par deux décisions émanant pour l'une de la première chambre civile de la Cour de cassation et pour l'autre de la cour d'appel de Toulouse* ». Lydie DAUXERRE, L'expert du CHSCT n'est pas dépositaire du secret médical, *La Semaine Juridique Social* n° 20-21, 23 Mai 2017, 1175 : « *Lui est donc à bon droit refusé l'accès aux blocs opératoires pendant les interventions et aux réunions quotidiennes des équipes médicales en raison du secret médical* ».

Une leçon de morale au salarié et/ou un harcèlement moral

L'inconvénient d'une pareille obligation de discrétion (sur la santé d'autrui) sera de maintenir l'ignorance dans la tête des interlocuteurs du salarié en question. Les protagonistes balanceront dès lors entre la pudeur et le voyeurisme, ou encore entre l'indifférence et la compassion. À l'inverse, les absentéistes (et particulièrement les grévistes) émettent volontiers un jugement moral sur les collègues restés au travail.

L'EXPRESSION VIVE DES GRÉVISTES CONTRE LES NON-GRÉVISTES

Clotaire MOULOUNGUI
Maître de conférences hors classe à l'ULCO (académie de Lille)
Ancien Chef du Département Gestion des Entreprises et des Administrations
Responsable de la licence professionnelle Métiers de la Gestion et du Social

Résumé : Tous les salariés d'une structure ne se joignent pas à l'éventuel mouvement de revendication professionnelle. Pourquoi donc un pareil choix de se dissocier des collègues grévistes ? Parce que le mot d'ordre choisi (la devise de la lutte) déplaira peut-être. En outre, un semblable combat (par arrêt du travail) emporte en principe une retenue sur salaire. En effet, un gréviste ne perçoit pas d'allocation de chômage partielle, à la différence du non-gréviste empêché de travailler par la grève et/ou les grévistes.

Mots clefs : Grève ; maintien de salaire ; retenue sur salaire ; profiteur de grève ; briseur de grève ; solidarité entre salariés.

Abstract : Not all employees in a given organization join a potential strike. Why then would they choose to dissociate themselves from their striking colleagues? Because the chosen slogan (the motto of the struggle) might displease some. Furthermore, such a struggle (by work stoppage) generally results in a deduction from their pay. Indeed, a striker does not receive partial unemployment benefits, unlike a non-striker prevented from working by the strike and/or the strikers.

Keywords : Strike; continued pay; deduction from pay; strike profiteering; strikebreaker; solidarity among employees.

1. – Les raisons de se désolidariser des collègues grévistes.

Tous les salariés d'une structure ne se joignent pas à l'éventuel mouvement de revendication professionnelle. Pourquoi donc un pareil choix de se dissocier des collègues grévistes ? Parce que le mot d'ordre choisi (la devise de la lutte) déplaira peut-être. En outre, un semblable combat (par arrêt du travail) emporte en principe une retenue sur salaire.

Sachant qu'un gréviste ne perçoit pas d'allocation de chômage partielle, à la différence du non-gréviste empêché de travailler par la grève et/ou les grévistes (240). Dès lors, beaucoup de salariés continuent (imperturbablement) d'aller occuper leurs postes de travail ; ils sont mus par la faim ou par les principes (241).

Dans ces conditions, la grève préjudicie modérément en définitive à l'employeur, et elle échoue par conséquent à fléchir l'intransigeance patronale.

---

240) Gilles AUZERO, Dirk BAUGARD et Emmanuel DOCKÈS, Droit du travail, Précité, n° 1518. Code du travail, article R5122-8 : « *dans le cas d'une fermeture de l'entreprise ou d'un service décidée par l'employeur suite à une grève, le versement des allocations et des indemnités peut être autorisé par décision du ministre chargé de l'emploi, si la fermeture se prolonge plus de trois jours* ». Naturellement, le ministre délègue son pouvoir à ses représentants en régions. ANONYME, Mise en œuvre du chômage partiel : précisions de l'Administration - Texte non codifié, La Semaine Juridique Social n° 18, 28 Avril 2009, 1195.

241) Il s'agit en particulier de l'antique liberté du commerce et de l'industrie. Le terme industrie étant le travail, dans langue juridique du 19ème siècle.

2. – La naissance d'une déception et d'une colère chez les grévistes incompris.

Les grévistes esseulés en voudront probablement à leurs collègues non-grévistes : ils les considéreront comme des briseurs de grève (242).

Leur possible rancœur se nourrira en particulier du fait que les acquis d'une grève profitent à tous ; y compris aux non-grévistes. Ces derniers apparaissent conséquemment comme des parasites goguenards qui attendent le résultat vraisemblablement positif de la lutte d'autrui.

Or, « [...] *pour nous, syndicalistes, [importe énormément] la chaleureuse solidarité qui s'exprime dans une communauté d'hommes et de femmes qui luttent pour le respect de leur dignité, tout autant que pour la défense de leurs intérêts communs. [...]. Solidarité dans la lutte, dans l'épreuve, dans l'action autour d'objectifs communs* » (243).

Dès lors, quelques grévistes ne se contentent pas d'éprouver de la déception à l'égard des collègues apathiques, craintifs ou sceptiques. Ils caressent en effet à leur encontre des idées de revanche, voire de vengeance. Le triste épisode du DRH à la chemise arrachée le révèle dans une certaine mesure.

---

242) https://www.philonomist.com/fr/article/et-vous-qui-va-remarquer-que-vous-faites-greve. On peut lire dans ce post de la journaliste Athénaïs GAGEY que : « *La division des tâches et le télétravail ont pu faire de la vie professionnelle une expérience solitaire. L'individualisation des combats empêche le travailleur de se voir comme un élément essentiel d'un projet d'ensemble. Les process, la hiérarchie, les organigrammes rendent d'autant moins compréhensible l'importance de sa présence. Mais quand il déduit du fait que son absence n'a pas été remarquée qu'il est inessentiel, monsieur Y pèche par arrogance. Il voudrait briller par son absence, comme les soignants et les profs. Mais ce faisant, il oublie qu'en entreprise, la contribution individuelle ne peut s'envisager qu'en adoptant une focale plus large, en considérant le tout dont on fait partie* ».

243) Jean KASPAR, Fraternité et droit du travail, Droit social 1990. 116.

Comme disent une syndicaliste désormais célèbre et un professeur des universités : « *Direction d'entreprise et salariés sont généralement perçus comme deux pôles d'intérêts antagonistes dans l'entreprise. Des images fortes, notamment celles de l'épisode de la chemise arrachée du DRH d'Air France, rendent compte de la manière dont cet antagonisme d'intérêts est perçu et vécu au sein des entreprises* » (244).

3. – La volonté délictueuse d'impressionner les collègues non-grévistes.

Dans une affaire où des salariés demandaient la réintégration d'un camarade licencié, les grévistes auront été sanctionnés par la chambre correctionnelle de la cour d'appel de Bordeaux (12 juillet 1978).

Le motif de leur sanction aura été d'avoir porté atteinte au libre exercice du travail et de l'industrie, au moyen de divers agissements. Étaient en l'occurrence dénombrés des violences, des voies de fait, des menaces et des manœuvres frauduleuses. Les prévenus (condamnés) se sont alors pourvus en cassation, mais sans réussir à convaincre.

D'abord, la cour bordelaise avait eu raison de leur refuser de s'intéresser à l'objectif (défendable) de la grève, puisque sa licéité n'était pas en question. Ensuite, leurs moyens d'action et comportement « *ont incontestablement eu pour objet, même si le résultat n'a pas été intégralement atteint, de paralyser le fonctionnement des deux centres de la SEP* ».

Dès lors, a proclamé la Cour de cassation (27 novembre 1979), « *ces dispositions, moyens et comportements, tels que décrits par les constats et par les témoins, constituaient, de la part de certains des prévenus, des agissements de nature à impressionner les ouvriers*

---

244) Sophie BINET et Stéphane VERNAC, Que peuvent attendre les travailleurs d'un statut du dirigeant d'entreprise ? Rev. trav. 2017. 519.

non grévistes et à les dissuader, par crainte pour leur sécurité, de gagner, ainsi qu'ils en avaient l'intention, leurs postes de travail » (245). La cour d'appel aura justifié sa décision en l'espèce.

4. – L'espoir d'un désistement des grévistes ou d'un ralliement des non-grévistes.

Le souci d'unité et de cohésion du groupe peuvent (chacun) conduire à être gréviste ou non-gréviste (246). Par exemple, à Radio France, au moins une fois l'an, un mouvement de grève (à l'initiative d'un syndicat représentatif) perturbe la diffusion des programmes.

Il s'agit alors de résister même à des changements probablement dus à des difficultés financières, mais dont le sacrifice d'humains devraient servir de variables d'ajustement (247). Plusieurs des émissions habituelles sont en conséquence remplacées par des séquences musicales ; c'est le phénomène fameux de LA PLAYLIST.

En 2019, par exemple, après la tranche dite du 7/9, l'émission BOOMERANG (d'Augustin TRAPENARD) passa à la trappe. Les émissions pourtant demeurées à l'antenne manquèrent de certaines

245) CASS. CRIM, 27 novembre 1979, pourvoi n° 78-93.15, Bull. N. 339.

246) « *Surtout quand elles durent, les grèves ouvrent la voie à des modes de protestation, de communication, d'extériorisation qui contribuent à construire la solidarité et l'identité d'un groupe. Plus qu'à d'autres moments de leur déroulement, c'est avec cette geste gréviste que les conflits du travail deviennent « non seulement un moyen de pression sur le patronat pour obtenir la satisfaction des revendications, mais aussi un moyen d'expression : ne pas avoir, mais être !* » » (Stéphane SIROT, La grève en France, Une histoire sociale (XIXe-XXe siècle), Odile Jacob, 2002).

247) « *Le président de Radio France [Mathieu Gallet] a présenté, le 8 avril [2015], son projet stratégique qui cible les économies à réaliser sur les travaux de rénovation mais aussi - et surtout - par la mise en œuvre de départs volontaires qui concerneraient de 250 à 330 équivalents temps plein* » (Jean-Marc PASTOR, Audiovisuel - Service public - Radio France, une crise humaine et financière, JAC 2015, n°24, p.8).

de leurs chroniques. C'est une sorte de service minimum, même dans un média (néanmoins public) (248).

Une pareille situation suscite certainement interrogations et réflexions. D'une part, est-ce la Direction du média qui choisit les émissions maintenues ? Si oui, en fonction de quels critères ? Il est entendu que, tant le journaliste que l'animateur, exercent des professions dont la finalité est de toucher l'auditoire le plus large possible. Ce dont ils se flattent d'ailleurs, l'audimat traduisant apparemment la qualité de leur prestation (249).

En l'occurrence, quels présentateurs et émissions sacrifier ? Dans le cas où la Direction ne jouerait aucun rôle, l'absence à l'antenne résulterait-elle du seul présentateur, ou bien est-ce plutôt un refus de diffusion décidé d'un commun accord par tous les équipiers ? Cette troisième hypothèse est préférable pour l'unité du groupe.

Car s'il s'agissait de la volonté du seul présentateur, celui-ci se verrait sûrement reproché un défaut de solidarité confraternelle ; voire un

---

248) « *La loi distingue en réalité d'une part le service minimum visé au paragraphe II, lequel doit être assuré en toute hypothèse et, au besoin, par des limitations du droit de grève et d'autre part, le "plus large service possible" pouvant être assuré lors d'une grève par les personnels présents, c'est-à-dire les non-grévistes. [...] cette distinction ne saurait être interprétée comme interdisant, faute de décret en Conseil d'État, au président de TDF de requérir, dans les limites précédemment énoncées, certains personnels pour assurer le service minimum* » (Henri STAHL, L'exercice du droit de grève à Télédiffusion de France, La Semaine Juridique Edition Générale n° 48, 27 novembre 1996, II 22735).

249) C'est sur la base d'un raisonnement similaire (basé sur le nombre) que les jeunes générations jugent de la confiance à accorder à un influenceur sur Internet. « *L'audience de l'influenceur auprès de sa communauté se mesure à partir de données statistiques. Facebook donne ainsi accès à de nombreuses données de ce type. Pour s'en tenir au plus utilisées en marketing citons les "like" qui donnent des indications sur le nombre de personnes qui ont aimé une publication de l'influenceur* » (Alain HAZAN et Gaëlle LOINGER-BENAMRAN, Influence et responsabilité : les obligations juridiques des influenceurs, *Légipresse* 2021. 9).

égoïsme mâtiné d'arrogance. Lui-même pourrait reprocher à l'équipe (qui aura eu le dernier mot) de ne point se soucier de leur émission et de ses mesures d'audimat.

Pire, ils en viendront peut-être à se reprocher leurs positionnements politiques respectifs (250). Au fond, la situation commode pour le collectif est celle de l'unanimité pour la grève, ou de l'unanimité contre celle-ci.

5. – La rétrogradation d'un gréviste agressif envers une non-gréviste.

Dans une affaire, un technicien clientèle de l'entreprise EDF-GDF avait reproché à une collègue son refus de participer à un mouvement fomenté pour le 29 septembre 1999. Il lui aurait déclaré (d'une manière perçue comme menaçante) que *« d'autres étaient tombés dans les escaliers pour moins que ça ».*

A la suite de quoi (le 13 juillet 2000), le directeur de la structure lui notifiât la sanction disciplinaire de rétrogradation, avec effet au mois suivant (251). Le motif exact était : *« pression verbale exercée à l'encontre d'un agent, de nature à provoquer chez ce dernier un sentiment d'insécurité physique ».*

Le technicien rétrogradé avait vainement sollicité de la juridiction prud'homale tant l'annulation de la sanction que, subsidiairement, la condamnation de l'employeur au paiement d'un rappel de salaire et de dommages-intérêts. Au cas de sanction injustifiée, ses

---

250) Certes, les agents publics de France-Inter sont réputés être de Gauche ; des exceptions existent sans doute. En considération de celles-ci, les scrutins de cette station devraient respecter le secret du vote et la nécessité d'isoloirs. Trop souvent, la personne cherchant à raisonner (à dissuader) les grévistes est accusée d'être à la botte (à la solde) du patronat ou du Gouvernement.

251) Le risque encouru par le gréviste agressif pouvait et peut aller jusqu'au licenciement, comme dans l'épisode du « *DRH à la chemise arraché à Air France* ».

préjudices injustes auraient été la honte née de son recul dans la hiérarchie professionnelle, puis la baisse corrélative de sa rémunération. Mais à son tour (arrêt confirmatif), la cour d'appel de Paris (17 septembre 2002) aura admis tout à la fois : la gravité des faits ; la justification de la sanction prononcée ; ainsi que sa proportionnalité (252).

En tous cas, la Cour de cassation (12 janvier 2005) rejeta le pourvoi du gréviste virulent (253).

6. – Les menaces et injures à sa hiérarchie, aux non-grévistes et à l'huissier de justice.

En 2018, trois grévistes particulièrement agressifs (de la SNCF) ont subi une sanction disciplinaire de quatre jours de mise à pied. C'était en outre un dernier avertissement avant radiation des effectifs. D'où, de leur part, la saisine du juge des référés. Celui-ci a toutefois pensé que la sanction était (à première vue) bien méritée.

La cour d'appel a d'ailleurs ensuite jugé (en référé) que les intéressés devaient chacun 1000 € à l'employeur (au titre de l'article 700 du NCPC). Normalement, le juge des référés ne dispose pas du pouvoir, soit d'ordonner à l'employeur de rapporter sa sanction disciplinaire irrégulière, soit de l'annuler lui-même (254).

Néanmoins, une *« annulation à titre provisoire »* (comme avait dit la cour d'appel de Riom), c'est-à-dire à la vérité une suspension, est

---

252) Par ailleurs, les conseillers parisiens jugèrent qu'il n'y avait pas de sanction financière prohibée en l'espèce ; contrairement à ce qu'arguait l'intéressé.

253) CASS. SOC., 12 janvier 2005, centre EDF-GDF Services Paris Rive gauche, pourvoi n° 02-46.571.

254) Code du travail, articles R455-5 et suivants.

défendable en cas de trouble manifestement illicite déniant les droits d'un salarié (255).

Pour les juges (du premier et du second degré), il n'y avait pas en l'occurrence de contestation sérieuse sur la licéité de la sanction. Elle découlait en droit ligne des propos tenus par les trois individus, et plus encore de leur abus du droit de grève (256).

Par exemple, à l'égard du DRH, il avait en l'espèce été proféré que : *« Vous, on vous l'arrachera votre chemise » ;* c'était alors un renvoi à la mésaventure multi-diffusée survenue en octobre 2015 au DRH d'Air France. En tous cas, les faits litigieux se sont déroulés durant la première quinzaine de mai 2018, et ont été officiellement documentés.

Précisément, l'huissier de justice mandaté par l'employeur aura constaté que les salariés demeurés en activité *« ont dû faire face à un climat délétère, oppressant et déstabilisant ».* En outre, ils auront été traité de : *« briseurs de grève, casseurs de grève, mange merde, salauds, merdeux ».*

Pire, (comme en rêve ou par hyperbole) les non-grévistes se sont vu promettre d'être *« envoyés au goulag »*, voire d'être *« fusillés quand le régime sera rétabli »* (257).

---

255) « *[...] « il recouvre son pouvoir d'annulation à titre provisoire, pour rétablir le salarié dans ses droits, en cas de trouble manifestement illicite* » (Cour d'appel de Riom - ch. civile 04 Sociale, 6 octobre 2020 / n° 20/00326).

256) La Cour d'appel a précisé que : « *Le droit de grève n'emporte pas celui de disposer arbitrairement des lieux de travail. L'occupation des lieux de travail par les salariés grévistes est abusive ou illicite notamment lorsqu'elle entrave gravement la liberté du travail, vise à désorganiser l'entreprise ou porte gravement atteinte à la sécurité des personnes ou des biens. À l'inverse, une occupation symbolique, pacifique, bénigne et très momentanée ne constitue pas par principe un abus du droit de grève* » (Cour d'appel de Riom, précitée).

257) Le régime invoqué par les grévistes est le régime communiste, lequel prévoyait la dictature du prolétariat (et donc de la classe ouvrière sur la

L'huissier de justice (désormais commissaire de justice) n'aura pas été épargné, puisqu'il lui était souhaité *« le pire pour ses filles »* (258).

8. – L'indemnisation des non-grévistes empêchés de travailler par les grévistes.

Une autre illustration de la mauvaise humeur des grévistes (à l'égard des non-grévistes) remonte au début de l'année 1983. Il y avait à l'époque un climat de tension sociale dans L'USINE CITROËN située à Aulnay-sous-Bois. Dans ce contexte, des fédérations syndicales avaient préconisé une journée d'action au moyen d'un tract largement diffusé (259).

Celui-ci appelait le personnel des ateliers à cesser le travail, puis de prendre part à une manifestation. Le jour prévu, des groupes de grévistes pénétrèrent plutôt dans les ateliers, armés de bâtons ou

---

classe possédante). À l'époque de Joseph Staline (notamment), l'URSS avait ce régime particulièrement violent pour les dissidents. Dans les années 90, une certaine démocratisation est apparue en Russie (ex-URSS). Mais un retour en arrière semble se produire avec le président Vladimir Poutine. Il pratique une démocratie illibérale (ou une dictature par élection).

258) La montée continue des violences en tous dans notre civilisation fait trop souvent oublier que même des injures non publiques constituent des infractions. Et c'est pire quand les violences en question s'exercent sur un individu porteur d'une portion de l'autorité de l'État ; tels les inspecteurs des impôts, les contrôleurs de l'URSSAF, les policiers, les "huissiers", etc.

259) Une telle opération de communication est licite en droit, au regard de la DDHC de 1789 (liberté d'expression) et de la loi de 1881 (liberté de la presse). Sous réserve toutefois du contenu, lequel évitera l'incitation à la haine ou l'appel à la commission d'infractions. Bien avant la préoccupation actuelle contre les pollutions diverses, l'affichage sauvage était déjà interdit par loi précitée, de même que le déversement d'imprimés sur la voie publique. Le document publicitaire devait (doit) d'ailleurs obligatoirement renfermer les noms et coordonnées de l'imprimeur ou du rédacteur à poursuivre au besoin. Cf. Code de l'environnement, article L581-34 et suivants.

de pièces détachées de voitures. Ils projetaient ainsi de pousser *''les tièdes''* à participer enfin eux aussi au mouvement.

Ces derniers ne s'y associèrent pas pour autant. Alors, durant environ trois quarts d'heure, ils durent subir menaces, bousculades et coups (260). En réaction, la direction fit cesser toute activité en fermant l'usine pour la journée au moins. Car produire correctement n'était plus possible.

Par la suite, devant la justice, dans l'espoir de dommages-intérêts (de la part des grévistes), l'employeur et les victimes se portèrent parties civiles (261). Les infractions fondant leurs poursuites étaient en particulier : l'entrave à la liberté du travail ; les coups et blessures volontaires ; le port d'arme prohibée.

La culpabilité de quelques uns fut reconnue pour *« le rôle primordial joué, notamment par D..., en pleine connaissance de cause, dans le déchaînement de la violence »*.

9. – Le refus d'indemnités à l'employeur à la charge des grévistes violateurs de la liberté du travail.

Dans l'affaire qui précède, deux autres responsables syndicaux et le prévenu s'étaient réparti la surveillance des ateliers envahis par leur *''commando de militants''* (262). Concrètement, ils ordonnaient et contrôlaient l'ensemble des exactions perpétrées sur les non-

260) Pour onze des victimes, cela s'était traduit par une incapacité de travail, tandis que trois autres furent même hospitalisées.

261) Porte cette appellation, la victime qui demande des dommages-intérêts à l'occasion de la condamnation du responsable de son préjudice par le juge pénal. Cette victime n'a pas alors à se préoccuper des

262) Le prévenu est la personne poursuivie devant le tribunal correctionnel pour un délit ; elle sera condamnée ou au contraire relaxée, puisque reconnue innocente. Pour sa part, la personne jugée par la cour d'assises pour un crime est un accusé ; son éventuelle innocence est actée par un acquittement.

grévistes. Leur culpabilité manifeste ouvrait droit à intérêts civils en faveur des non-grévistes ainsi molestés. Quid de l'employeur ?

Devait-il aussi y avoir droit ? Dans son arrêt infirmatif, la cour d'appel de Paris (17 janvier 1986) aura répondu par l'affirmative (263). Elle avait précisément octroyé à l'employeur un million de francs (154.000 euros environ) de dommages-intérêts. Le paiement devait en être assumé solidairement par tous les grévistes reconnus coupables (264).

À l'évidence, pour ces salariés, le coût de leur action vindicative apparaissait financièrement bien lourd. D'où un pourvoi en cassation, dont on supposera qu'il aura été recevable en dépit d'un manque de début d'exécution de la décision critiquée (265).

S'agissant du fond de l'affaire, l'arrêt parisien a été cassé au motif que : *« pour être recevable devant la juridiction répressive, l'action civile doit avoir pour but la réparation d'un préjudice personnel, résultant directement de l'infraction ».*

Or, a précisé la Cour de cassation, *« l'article 414 du Code pénal n'a pas pour objet la protection du travail en soi, mais seulement celle de la*

---

263) CASS. CRIM., 15 mai 1987, pourvoi n° 86-91015, Bull. 1987, n° 198, p.

264) Bien entendu, la participation à la grève n'est pas un délit. Et le fait qu'un gréviste commette un délit à l'occasion du mouvement ne rend pas les autres grévistes auteurs de ce délit. La responsabilité pénale est personnelle. Il faut la prouver pour chacun des prévenus.

265) La Cour de cassation n'est pas un troisième degré de juridiction, de sorte que le pourvoi en cassation représente une voie exceptionnelle de recours. Afin de décourager les pourvois dilatoires, les personnes mécontentes, qui saisissent la Cour contre une décision des juges du fond, doivent montrer leur bonne volonté en commençant (quand même) à l'exécuter. Certes, en matière pénale, l'on évite l'exécution provisoire ; de même que dans les autres matières où le retour au statu quo ante se révélerait impossible. Quand c'est un jugement qui est contesté devant une cour d'appel, l'exécution provisoire n'est pas automatique : il faut que les juges l'aient prévue.

liberté que possèdent les travailleurs de s'associer, ou non, à une cessation concertée du travail » (266).

Les prévenus auront ici bénéficié en quelque sorte d'un soutien (jurisprudentiel) à leur patrimoine. D'ailleurs, ils bénéficient parfois d'autres soutiens plus directs.

266) CASS. CRIM, 15 mai 1987, précité.

LE CONFLIT EN VUE DE MEILLEURES CONDITIONS DE TRAVAIL

Clotaire MOULOUNGUI
Maître de conférences hors classe à l'ULCO (académie de Lille)
Ancien Chef du Département Gestion des Entreprises et des Administrations
Responsable de la licence professionnelle Métiers de la Gestion et du Social

Résumé : Les mauvaises conditions de travail aboutissent-elles à de l'absentéisme ? La réponse est oui ; dans la mesure où, soit pour préserver leur santé, soit pour la recouvrer, des salariés sollicitent leur placement en arrêt maladie. Néanmoins, la réponse négative (c'est-à-dire pas d'absences pour autant) se conçoit tout aussi bien. Car les salariés pourraient plutôt s'inquiéter de la réduction probable de leur revenu en conséquence d'un tel arrêt de travail. Autrement dit, malgré la maladie certains travailleurs continueront d'aller occuper leur poste de travail, jusqu'à ce qu'ils cessent de pouvoir s'y traîner.

Mots clefs : Grève ; revendications professionnelles ; retenue sur salaire ; grève due à l'employeur.

Abstract : Do poor working conditions lead to absenteeism? The answer is yes; to the extent that, either to preserve their health or to recover it, employees request sick leave. However, the negative answer (i.e., no absences) is just as understandable. Employees might instead be concerned about the likely reduction in their income as a result of such a work stoppage. In other words, despite illness, some workers will continue to go to their jobs until they can no longer drag themselves there.

Keywords : Strike; professional demands; wage deduction; strike attributable to the employer.

1. – Le dilemme des salariés en cas de mauvaises conditions de travail.

Les mauvaises conditions de travail aboutissent-elles à de l'absentéisme ? La réponse est oui ; dans la mesure où, soit pour préserver leur santé, soit pour la recouvrer, des salariés sollicitent leur placement en arrêt maladie.

Néanmoins, la réponse négative (c'est-à-dire pas d'absences pour autant) se conçoit tout aussi bien. Car les salariés pourraient plutôt s'inquiéter de la réduction probable de leur revenu en conséquence d'un tel arrêt de travail. Autrement dit, malgré la maladie certains travailleurs continueront d'aller occuper leur poste de travail, jusqu'à ce qu'ils cessent de pouvoir s'y traîner (267).

En vérité, les mauvaises conditions de travail ne rendent pas forcément malade (dans l'immédiat). Et puis les travailleurs peuvent songer à s'arrêter anticipativement pour favoriser la prise en compte patronal du problème craint. En dehors des canaux de discussion amiable avec l'employeur, la voie empruntée est principalement celle de la grève ; et accessoirement celle du retrait.

---

267) Cédric AFSA et Pauline GIVORD, Le rôle des conditions de travail dans les absences pour maladie : le cas des horaires irréguliers, La Documentation française, Économie & prévision, 2009/1 n° 187, pages 83 à 103, https://www.cairn.info/revue-economie-et-prevision-2009-1-page-83.htm.

À premier vue, les utilisateurs en sont le plus souvent les personnels de base, et non pas les cadres (268).

2. – Le droit de grève et la légitimité de l'absentéisme inhérent.

Le peuple français lui-même a consacré l'existence d'un droit de s'abstenir momentanément de travailler pour son employeur décevant ; c'est le droit de grève. La consécration de ce droit a résulté d'un référendum relatif à la Constitution (désormais abrogée) du 27 octobre 1946, laquelle aura mis en place la IVème République. Il en était question dans le Préambule de ce texte fondamental.

Or, la Constitution (référendaire) du 04 octobre 1958 qui, à son tour, aura mis en place la Vème République, le reprend à son compte. Le droit de grève a ainsi une valeur constitutionnelle (269). En gros, le Préambule de la Constitution représente le *« siège des droits et libertés constitutionnellement garantis »* (270).

Le juriste ne saurait donc blâmer des citoyens qui usent de leur droit de grève, en se rendant indisponibles pour l'employeur. Dans cet ordre d'idées, l'on comprend parfaitement l'exercice de son droit de vote

---

268) « *On ne saurait s'empêcher de penser que les employés supérieurs, au regard de la grève comme à bien d'autres points de vue, ne peuvent avoir la même condition juridique que les salariés ordinaires : leurs devoirs envers l'entrepreneur sont plus rigoureux ; et si le droit de grève a été consacré par la Constitution, c'est avec un certain contenu prolétarien* » (Jean CARBONNIER, RTD civ. 1948. 353).

269) Quoique pendant une cinquantaine d'années les constitutionnalistes se sont demandé s'il fallait reconnaître la même valeur juridique au Préambule (introduction) et au Corps même de la Constitution (les divers articles). Dans son arrêt de principe Société Eky (du 12 février 1960) le Conseil d'État a répondu par l'affirmative. Onze années plus tard, le Conseil constitutionnel lui a emboîté le pas, avec sa décision n° 71-44 DC du 16 juillet 1971.

270) https://www.conseil-constitutionnel.fr/la-constitution/le-contenu-de-la-constitution-du-4-octobre-1958.

par un électeur, ou l'exercice de sa liberté de la presse par un journaliste (ou par n'importe qui d'autre, en vérité) (271).

D'après le Préambule en question, le droit de grève s'exerce *« dans le cadre des lois qui la réglementent »*. Et pourtant, fait observer un professeur, le Code du travail ne définit, ni ne fixe les contours de cette liberté (272).

Par exemple, la durée de la grève n'est guère connue à l'avance (malgré une certaine évolution dans le secteur public). Paradoxalement, l'incertitude sur la longueur de l'arrêt de travail incitera sans doute l'employeur à composer avec son personnel gréviste. Il est entendu qu'à cause de la grève, il produira et commercialisera moins de biens et de prestations de service ; d'où de moindres entrées d'argent.

3. - La résistance de l'employeur aux grévistes selon leur pouvoir de nuisance.

Les clients et les fournisseurs de l'employeur des grévistes (voire les pouvoirs publics) risquent de s'émouvoir du préjudice par ricochet consécutif au pourrissement de la situation de grève. À cet égard, remarque-t-on, *«plus le pouvoir de nuisance des grévistes est*

---

271) L'article 1 de la loi de 1881 (sur la liberté de la presse) dit sobrement que : « *L'imprimerie et la librairie sont libres* ». Chacun pouvait ainsi posséder cette machine qu'est une presse en vue de faire de la presse. C'était un rappel ou une confirmation de la Déclaration des Droits de l'Homme et du Citoyen (de 1789), qui a posé la liberté de pensée et la liberté d'expression.

272) Antoine MAZEAUD, *Droit du travail, Précis Domat Droit privé*, LGDJ, 2016 : Tout mouvement collectif n'est pas une grève. Faute d'entrer dans son espace, le mouvement (éventuellement illicite) fait retour au droit commun ; les salariés qui y participent s'exposent le cas échéant au pouvoir disciplinaire du chef d'entreprise.

important, plus ils ont de chances de voir leurs revendications aboutir » (273).

Néanmoins, au sein de la structure, ce droit de grève doit s'exercer en tenant compte à la fois du droit des non-grévistes (droit au travail) et du droit de l'employeur (droit d'entreprendre), rappelle volontiers la jurisprudence. Par exemple, un employeur à qui les clefs de véhicules de livraison avaient été *''confisquées''* avait été débouté, puisque ces deux droits concurrents (le sien et celui des non-grévistes) étaient préservés malgré l'espiègle comportement des grévistes (274).

Si jamais la grève n'emportait aucune conséquence fâcheuse, l'employeur se contenterait d'en attendre la fin. Surtout, en disposant du secours d'un *"trésor de guerre"* accumulé par lui-même ou par sa corporation, afin de briser les grèves (275).

4. – Le risque de sanctions diverses pour les grévistes auteurs d'une faute lourde.

Théoriquement, la grève devrait se traduire par un silence dans les locaux de l'employeur, puisque les salariés auront décidé de cesser

---

273) Henri PESCHAUD, La grève, un droit de nuire sui generis, *LPA* 9 mai 2012, n° PA201209304, p. 7.

274) Parce « *qu'ayant relevé, d'une part, que la société ne prouvait pas qu'elle aurait pu remettre les véhicules des grévistes à d'autres personnes présentes dans l'entreprise et qu'ainsi aucun élément du dossier ne démontrait que les grévistes, dont le salarié, avaient porté atteinte à la liberté du travail des autres salariés de leur société et, d'autre part, qu'il n'est pas établi que le salarié avait agi avec intention de nuire, la cour d'appel a pu en déduire que la faute lourde n'était pas caractérisée* » (CASS. SOC., 8 février 2012, no 10-14083, M. X contre Star's Service, Bulletin 2012, V, n° 61.).

275) Il y a une douzaine d'années, Denis-Gauthier Savagnac était un puissant chef d'entreprise, et notamment de l'UIMM. Il aura préféré la condamnation pénale à la dénonciation de la pratique encourageant à ne point céder aux grévistes et à résorber les pertes de l'entreprise victime de la grève grâce à une caisse noire.

le travail. Or, il n'est pas courant que les grévistes restent paisiblement chez eux : ils se retrouvent aux alentours de l'entreprise, voire à l'intérieur (276).

C'est une présence physique de nature à en imposer, à intimider. À la vérité, en cas de violence sur les personnes (et même sur les biens), les grévistes encourent, outre des sanctions disciplinaires, des sanctions pénales (et civiles). On dit alors que le gréviste est coupable d'une faute lourde, laquelle le prive juridiquement de la qualité de gréviste. Il devient un vulgaire casseur (à punir).

Cela étant, précise une professeure, « *la participation personnelle du salarié aux actes illicites devra être démontrée : la faute lourde est personnelle et l'employeur doit rapporter la preuve d'une faute individuelle, d'une gravité toute particulière* ».

Effectivement, la simple constatation d'un préjudice subi par l'employeur ne saurait suffire : « *le droit de grève est le droit de nuire* ». Comme cas susceptible d'illustrer la fatidique qualification de faute lourde, notre professeure envisage « *les actes de séquestration, de dégradation volontaire de matériel ou de marchandise, les atteintes à la liberté du travail, l'occupation des locaux en dépit d'une ordonnance d'expulsion* » (277).

---

276) « *Le droit de grève n'emporte pas celui de disposer arbitrairement des lieux de travail. L'occupation des lieux de travail par les salariés grévistes est abusive ou illicite notamment lorsqu'elle entrave gravement la liberté du travail, vise à désorganiser l'entreprise ou porte gravement atteinte à la sécurité des personnes ou des biens. À l'inverse, une occupation symbolique, pacifique, bénigne et très momentanée ne constitue pas par principe un abus du droit de grève* » (Cour d'appel de Riom, 6 octobre 2020, n° 20/00328).

277) Florence CANUT, Faute lourde commise par un salarié au cours d'une grève, *Cah. soc.* sept. 2014, n° 114d6, p. 514.

5. – La finalité commune de la grève et du délit d'extorsion.

Le côté belliqueux de la grève semble décevant aux partisans du règlement amiable des différents, y compris des conflits sociaux. De fait, *« le droit social ambitionne d'installer des rapports de droit à la place des rapports de force et d'inégalité, caractéristiques de la relation de subordination, et donc de "de civiliser" les rapports de travail »* (278).

À notre avis, sans l'onction constitutionnelle dont elle bénéficie, la grève (sa modalité et sa finalité) serait condamnable par le droit pénal (279). Premièrement, parce qu'elle recherche l'obtention d'avantages que l'employeur (incontestablement craintif) finira par concéder (contre son gré).

On gardera à l'esprit que l'arrêt de travail (et donc la suspension de la production et des livraisons) lui causera des pertes financières et une mauvaise publicité auprès de l'URSSAF, du Fisc, des Douanes, des clients, des fournisseurs. Il est ainsi de son intérêt de vite se soumettre aux exigences de ses interlocuteurs, afin que ses dégâts n'empirent. En droit pénal, un tel cas de figure reçoit l'appellation d'extorsion (et non pas de chantage) (280).

On comprend à cet égard qu'un professeur se pose les questions suivantes : *« L'abus serait-il plus facile à punir lorsqu'il se manifeste dans la parole que dans l'action syndicale ? Serait-il plus*

---

278) Frédéric GUIOMARD, L'autonomie collective face aux juges, Brèves observations sur les effets de la loi Travail, *Revue de droit du travail* 2016 p.838.

279) C'était le délit de coalition. Aujourd'hui, les fonctionnaires sans droit de grève ne semblent pas systématiquement sanctionner lorsqu'ils s'octroient ce droit.

280) Code pénal, article 312-1 : « *L'extorsion est le fait d'obtenir par violence, menace de violences ou contrainte soit une signature, un engagement ou une renonciation [...]* ».

grave d'offenser un dirigeant que de le contraindre à négocier ?» (281).

6. – L'aggravation des peines des grévistes par la qualification de bande organisée.

D'un autre côté, la grève doit se faire en groupe (pour être licite) ; sauf dans le cas particulier du salarié seul dans l'entreprise ou dans sa catégorie (282).

Mais en droit pénal, une action entreprise à plusieurs (dès deux coauteurs) est qualifiée de bande organisée (283). Les sanctions encourues sont alors plus sévères qu'à l'encontre d'un asocial isolé. Bien sûr, la force ou la violence doit être considérée comme licite du moment qu'elle peut se réclamer de la permission de la loi ou du commandement de l'autorité légitime (284).

C'est le cas de la grève des travailleurs. Les auteurs d'un incontournable manuel de droit du travail indiquent, à la suite de la

281) Emmanuel DREYER, De la légitimité de certains modes d'action syndicale, *D. 2*009. 269.

282) Après tout, la grève est un droit individuel (CASS. SOC., 13 novembre 1996, no 93-42247, DAME DIRER, 03 décembre 1996, 95-20.360, Société Majorette, note Georges Picca et Alain Sauret, Réf : *LPA* 22 janv. 1997, n° PA199701001, p. 5). Toutefois : Christophe Radé, La grève est-elle toujours un moyen d'action collectif ? *Droit social* 2022. 565.

283) Code pénal, article 132-71 : « *Constitue une bande organisée au sens de la loi tout groupement formé ou toute entente établie en vue de la préparation, caractérisée par un ou plusieurs faits matériels, d'une ou de plusieurs infractions* ». Il s'agit d'une circonstance aggravante des peines encourues. La bande organisée (purement passagère) doit être distinguée de l'association de malfaiteurs (destinée à durer).

284) On sait que la menace d'utiliser des voies de droit est légitime. Code civil, article 1141 : « *La menace d'une voie de droit ne constitue pas une violence. Il en va autrement lorsque la voie de droit est détournée de son but ou lorsqu'elle est invoquée ou exercée pour obtenir un avantage manifestement excessif* ».

jurisprudence, que « *la grève professionnelle licite est non seulement celle qui tend à obtenir une augmentation des salaires, mais aussi celle qui tend à obtenir de meilleures conditions de travail, celle destinée à contraindre l'employeur à remplir des engagements [...]* » (285).

Cela étant, « *une grève de solidarité peut être légitime* », rappelle une professeure, inspirée elle aussi par la jurisprudence (286).

7. – L'appellation galvaudée de grève à des cas sans employeur et souvent scolaires.

Les juges ne sont pas sensibles à la grève de la faim qu'opposerait un justiciable (287).Il est vrai que trop de manifestation sans lien avec

285) Gilles AUZERO, Dirk BAUGARD et Emmanuel DOCKÈS, *Droit du travail, Précis Dalloz*, 2018, n° 1503.

286) Florence CANUT, Une grève de solidarité peut être légitime, Cah. soc. sept. 2014, n° 114d5, p. 514 : « *La grève de solidarité n'est pas effectuée pour soutenir des revendications professionnelles propres aux grévistes, mais vise à défendre d'autres salariés, qui, notamment, ont pu faire l'objet de sanctions disciplinaires. Le mouvement est illicite lorsque les grévistes ne présentent aucune revendication professionnelle. En effet, la grève est un arrêt collectif et concerté du travail en vue d'appuyer des revendications professionnelles. La jurisprudence condamne l'atteinte à l'autorité de l'employeur que constitue la grève de protestation contre un licenciement disciplinaire manifestement justifié* ».

287) La Cour d'assises du Pas-de-Calais, du 13 mars 2020 a justifié sa décision de refus d'un renvoi que l'accusé tentait d'extorquer à ses juges. En l'espèce, « *La cour retient encore que M. [W] pourrait renouveler son attitude à l'approche d'une nouvelle date fixée pour son procès, si celui-ci était renvoyé, et que la maîtrise du processus judiciaire ne peut lui être abandonnée. Elle en déduit que l'attitude du demandeur doit être analysée comme un refus de comparaître, son état de santé ne pouvant être considéré indépendamment de sa volonté de ne pas s'alimenter et de ne pas boire* » (CASS. CRIM., 12 mai 2021, N° de pourvoi : 20-83.166, 20-83.172, 20-83.175, 20-83.42). Pour sa part, la France a pratiqué six mois de chaise vide pour faire plier les institutions européennes (30 juin 1965 au 30 janvier 1966). Il

un arrêt de travail se targuent de la dénomination de grève. C'est dans une de ces acceptions abusives que se situe une grève d'élèves. Ainsi a-t-il pu être écrit qu'en 1911, des enfants de diverses écoles (et villes britanniques) avaient organisé une longue grève (288).

Outre la suppression du contrôle des absences, ces grévistes en culottes courtes demandaient la suppression des sanctions corporelles avec la canne, la ceinture, etc. Des sanctions d'ailleurs enfin abolies un siècle plus tard (289).

Pour revenir à nos écoliers, dans la ville de Liverpool, leurs revendications étaient les suivantes : *« Âge limite [d'école obligatoire] fixé à 14 ans ; des cours moins longs ; des vacances pour le ramassage des pommes de terre ; pas de travail [scolaire] à la maison ; l'abolition de la ceinture [comme châtiment corporel] ; des crayons et des gommes gratuites »*.

À Bradford : *« 50 garçons de l'école municipale de Bolton Woods sortirent, demandant la suppression du surveillant chargé de contrôler l'assiduité et un jour de congé supplémentaire en dehors du samedi »* (290).

À Coventry, il y eut un meeting où l'un des orateurs déclara : *« Il est entendu que les modestes revendications des écoliers sont : pas de*

---

a ainsi réussi à maintenir la Politique agricole Commune (la PAC), dont les agriculteurs Français sont les grands bénéficiaire ; tout en écartant la règle de la majorité qui devait remplacer le vote à l'unanimité des 6 États membres .

288) Danièle RANCIÈRE, La grève des écoliers, Association Vacarme*, Vacarme,* 2004/1 n° 26 | pages 41 à 46, https://www.cairn.info/revue-vacarme-2004-1-page-41.htm. En France, c'est au lycée que le recours à la grève est le plus fréquent. Par exemple, pour sauver le système de retraite, ou pour sauver le climat.

289) Entre 1990 et 2003 dans la plupart des États du Commonwealth. En France, l'on consultera le Code de l'action sociale et des familles, article D312-39.

290) Danièle RANCIÈRE (précitée) renvoie au The Star London, 12 septembre 1911.

travail scolaire à la maison ; l'abolition de la canne ; une demi-journée de congé le mercredi ; la suppression du surveillant chargé du contrôle des assiduités et un penny par semaine pour les moniteurs » (291).

8. – La rémunération variable des hospitaliers selon leurs années d'études.

Si plusieurs des revendications de jeunes grévistes britanniques ci-dessus demeurent défendables, d'autres pèchent absolument par leur ignorance du rôle émancipateur de l'école et des études (292).

Certes, l'élève vite libéré de ses obligations scolaires pouvait aller travailler, et pouvait alors bénéficier d'un salaire. Toutefois, l'emploi alors occupé rapportait rarement une rémunération mensuelle aussi importante que celle envisageable par les personnes diplômées.

Par exemple, avant les revalorisations issues du Ségur de la Santé, la fonction publique hospitalière française prévoyait comme rémunération 1968 euros pour l'aide-soignant (Bac+1) ; 2774 euros pour l'infirmière (Bac+4) ; et 7500 euros pour le médecin (Bac+9 à Bac+12).

De toute évidence, avoir dû retarder son entrée sur le marché du travail, en vue de qualifications professionnelles élevées, donne droit à une meilleure aisance matérielle. La différence de traitements entre ces trois catégories de professionnels de santé

---

291) Birmingham Daily Mail, le 13 septembre 1911, selon madame Rancière, précitée.

292) Cependant, l'école obligatoire est-elle le meilleur témoignage de la liberté et de l'émancipation individuelle ? Cf. Roger MONJO, L'école peut-elle être, à la fois, libératrice et obligatoire ?, *Presses universitaires de Caen, Le Télémaque* », 2013/1 n° 43, pages 87 à 102, https://www.cairn.info/revue-le-telemaque-2013-1-page-87.htm.

aboutit à un rattrapage au profit de ceux d'entre eux qui auront dû poursuivre de longues études.

Les économistes parlent ici de prix de la renonciation, pour qualifier ces différences de rémunération, dont le but (au final) est un rééquilibrage des patrimoines. En résumé, abandonner ses études est rarement une bonne décision.

9. – L'absence au poste de travail en vertu du droit de retrait.

Selon notre législation, alors qu'un travailleur n'est pas censé pouvoir faire grève isolément, il peut en revanche exercer (tout seul) le droit de retrait. Celui-ci consiste à se retirer de son poste de travail, pendant un temps plus ou moins long, chaque fois que la poursuite de l'activité risquerait d'exposer soi-même ou autrui à un danger (293).

Cette faculté d'esquiver le risque entr'aperçu existe dans la loi depuis une quarantaine d'années (294). De fait, sa consécration législative au profit des salariés, puis réglementaire en faveur des fonctionnaires de l'État (295), le droit de retrait est désormais advenu (par extension analogique prétorienne) à tous les autres travailleurs du pays (ou presque).

293) « *L'exercice prolongé du droit de retrait [...] montre l'ambiguïté d'un dispositif qui, aux yeux des agents, se situe entre exigence de sécurité individuelle et revendication professionnelle* » (Nicolas GUILLET, AJDA 2010 p.2157, Les conditions de la reprise du travail après l'exercice du droit de retrait dans la fonction publique).

294) Loi n° 82-1097 du 23 décembre 1982 sur le droit d'alerte et de retrait face à un danger grave et imminent pour sa vie ou sa santé ; Code du travail, articles L4131-1 à L4131-4. Voir aussi le décret n°93-449 du 23 mars 1993 et la Circulaire n°92/15 du 25 mars 1993 relative à la loi précitée de 1982.

295) Décret n° 85-603 du 10 juin 1985 relatif à l'hygiène et à la sécurité du travail n'avait envisagé que les agents de la fonction de l'État ainsi que le personnel des établissements publics de l'État.

Presque, parce que le pompier ne saurait prétendre se limiter à secourir les seuls accidentés de la route ; il doit aussi parfois aller affronter les incendies ; malgré le risque évident de brûlure et d'intoxication par inhalation. De même, le policier et le militaire doivent également *"aller au feu"*, face au preneur d'otage ou à l'ennemi, sans pouvoir arguer du droit de retrait (296).

10. – Le fondement théorique du droit de retrait.

D'après une auteure, *« le droit de retrait du travail pour raison de danger mérite de figurer parmi les principes généraux du droit du travail »* (297).

---

296) L'impossibilité d'utiliser ce droit fait se remémorer que pendant longtemps les fonctionnaires n'ont pas eu le droit de grève. D'ailleurs, aujourd'hui encore, les hauts-fonctionnaires n'ont pas ce droit, de même que les agents publics qui participent à l'exercice des pouvoirs régaliens de l'État. Tels les magistrats, les policiers, les gardiens de prison. Il arrive que ces fonctionnaires fassent fi de l'interdiction et se mettent donc en grève. Faute de courage (de témérité) politique (ou hiérarchique) pour un prononcé de sanctions disciplinaires, les ces grévistes illégaux ne risquent qu'une diminution de rémunération (pour service non fait).

297) Claire MOULIN, Le droit de retrait, principe général du droit du travail ?, *Droit social* 1996 p.1034. Le Conseil d'État a toujours fait profiter les agents du secteur public des protections conçues pour le secteur privé, mais qui n'avaient pas été transposées au secteur public. Le point de départ de sa réflexion est la constatation que la règle introduite dans le Code du travail, au profit des salariés, est la traduction d'un principe général du droit. Dès lors, malgré le silence des textes, il étend la règle protectrice aux agents publics. C'est de la sorte que les femmes enceinte du secteur public ne peuvent pas non plus être licenciées (CONSEIL D'ÉTAT, 8 juin 1973, Dame Peynet, p. 406, concl. Mme Grevisse, *AJDA* 1973, p. 587). C'est également ainsi que les agents publics ont eux aussi droit au SMIC au moins (CE. 23 avril 1992, ville de Toulouse c/ Mme Aragnou, p. 152, concl. Labetoulle, *AJDA* 1982, p. 443). L'agent public n'est finalement pas soumis à des sanctions pécuniaires grâce à ce raisonnement de transposition (CE. 1er juillet 1988, Billard et Voile c/ SNCF, p. 268, concl.

Il devrait par conséquent recevoir application aussi bien pour les salariés que pour les agents publics (fonctionnaires ou contractuels). Selon un autre, *« ce droit puise sa source dans la prévention du risque professionnel »* (298).

Un administrativiste pense plutôt que l'utilisation de l'obligation de retrait devrait être regardée comme une exception d'inexécution de ses obligations contractuelles ou statutaires par l'employeur, débineur d'une obligation de sécurité de résultat envers le travailleur (299).

Chacune de ces explications est séduisante. Elles ont le mérite de donner un vernis de théorie juridique à une revendication syndicale fondée sur la crainte de perdre sa vie en essayant de la gagner. Dès lors, le travailleur ordinaire (ni un militaire, ni un pompier, ni un policier), a un droit à la sécurité qui l'emporte sur le respect du principe hiérarchique, et donc sur le principe d'obéissance à ses chefs (300).

11. – Les risques d'un usage infondé du droit de retrait.

La gravité du danger et son imminence sont les deux conditions cumulatives à remplir par celui qui entend justifier son indisponibilité momentanée par l'exercice du droit de retrait. Si

---

Van Ruymbeke, *Droit social* 1988, p. 775), tandis que l'agent gréviste ne subit également pas de traitement discriminatoire autre que la retenue pour les jours d'absence. (CE. 12 novembre 1990, Malher, p. 321).

298) Antoine MAZEAUD, *Droit du travail, Précis Domat Droit privé*, LGDJ, 2016, n° 503.

299) Nicolas GUILLET, *AJDA* 2010 p.2157, Les conditions de la reprise du travail après l'exercice du droit de retrait dans la fonction publique ; D. Jean-Pierre, Droit de retrait et harcèlement moral devant le CONSEIL D'ÉTAT, note préc., p. 2077.

300) Didier JEAN-PIERRE, Le droit de retrait dans la fonction publique territoriale, JCP adm. 2002. 1040 ; Carole MONIOLLE, La subordination dans la fonction publique, *AJDA* 2010 p.1629.

finalement les conditions (d'existence) de ce droit de retrait ne sont pas réunies, l'arrêt de travail aura donc été décidé inopportunément, et il s'analysera en un *« service non fait »*.

C'est alors une situation qui privera de la rémunération qui aura coïncidé avec le temps litigieux de retrait (301). La Cour de cassation (11 juillet 1989) énonce par exemple que si les salariés ont exercé à tort leur droit de retrait, *« ils peuvent [...] faire l'objet, indépendamment de toute sanction, d'une retenue sur salaire, s'ils n'avaient pas un motif raisonnable de penser que la situation présentait un tel danger »* (302).

Dans le secteur privé, où le licenciement est d'une grande facilité, le retrait injustifié pourrait constituer le motif suffisant du licenciement (303). Le juge du fond vérifiera le caractère raisonnable du motif au moyen d'une appréciation in concreto.

Car, par exemple, la réaction adéquate sera davantage attendue de l'ingénieur expérimenté que de l'ouvrier débutant (304). Encore que parfois, la situation ne puisse recevoir la qualification de grève, ni celle d'usage du droit de retrait (305).

---

301) L'affirmation est ici approximative, car la retenue (sur salaire, sur traitement) pour défaut de service n'est pas exactement proportionnelle ; surtout à l'égard d'un agent de la fonction publique de l'État.

302) CASS. SOC., 11 juillet 1989, n° de pourvoi : 86-43497, Société nouvelle des ateliers et chantiers de La Rochelle-Pallice, Bulletin 1989 V N° 516 p. 312.

303) Patricia POCHET, Est nul le licenciement prononcé par l'employeur pour un motif lié à l'exercice légitime par le salarié du droit de retrait de son poste de travail dans une situation de danger, Obs. sous CASS. SOC., 28 janv. 2009, n° 07-44.556, FS P+B, W. c/ SNC Sovab, *La Semaine Juridique Entreprise et Affaires* n° 25, 18 Juin 2009, 1638.

304) « *L'ancienneté des services est un argument à double tranchant, car d'être ancien dans la maison suppose plus d'expérience et crée plus de devoirs : la faute, loin d'en être excusée, peut en être accrue* » (Jean CARBONNIER, RTD civ. 1954. 326).

305) En l'absence d'exécution des missions contractuelles, les intéressés ne seront pas rémunérés. On hésitera cependant à les sanctionner pour avoir

12. – L'inadmissibilité du droit de retrait pour un danger probable dans le futur.

Dans une gare routière, il circule un nombre impressionnant de véhicules terrestres à moteur, conduits par des chauffeurs dont l'expérience et le sérieux au volant sont variables. De fortes chances de subir un accident pèsent dès lors sur la personne qui y travaille habituellement. Elle craindra logiquement de se trouver victime d'un conducteur distrait, ou malhabile, ou retord.

Le cas échéant, le danger couru ce jour fatidique sera le même que la veille, et aurait été similaire le lendemain (306). Pas d'imminence en l'espèce. Il ne faut d'ailleurs pas confondre le caractère dangereux d'une tâche et son éventuelle pénibilité. Ainsi, le peintre qui (pour réaliser son ouvrage) doit régulièrement déplacer une pesante échelle se plaindra à juste titre de pénibilité.

Mais, pas de dangerosité, et encore moins de danger grave et imminent (307). Cela est proche du cas d'une professeure de philosophie du lycée Léon Blum de Créteil ; elle avait cru opportun de ne pas gagner son poste de travail à la rentrée de septembre 2012 relativement aux extincteurs et aux sorties de secours (308).

été précautionneux ; à moins que leur arrêt soit empreint de mauvaise volonté.

306) Conseil de prud'hommes Châteauroux, 15 mai 1984, Plantureux c. / CTI.

307) Cour d'appel de Nancy, 02 octobre 1989, Anzemberger c. / Abel.

308) Tribunal administratif de Melun, 8e chambre, 02 juin 2015, Droit de retrait, *AJFP* 2016 p.94. Contestant le bien-fondé de cet arrêt, le recteur de l'académie de Créteil lui a retiré une journée de traitement. Malgré sa tentative d'arrangement amiable, le rectorat a maintenu la retenue sur salaire. De sorte que la professeure a dû saisir la justice administrative. Outre sa portion perdue de rémunération, elle a souhaité bénéficié d'une indemnité de 3000€ pour les préjudices qu'elle estimait avoir subis. Mais pouvait-on parler de droit de retrait en l'occurrence ? Il se trouve que plusieurs extincteurs de l'établissement n'étaient pas en place en raison de dégradations opérées par des vandales. En outre, il y avait un

Lorsque le droit de retrait n'est pas utilisable (danger manquant de gravité ou d'imminence) l'exercice du droit de grève, en vue de la prise en considération patronale de ce danger se conçoit parfaitement (309).

13. – Le droit de retrait (sans besoin de droit de grève) en cas de danger grave et imminent.

Des salariés ont été approuvés d'avoir quitté leur poste de travail parce que la toiture de l'atelier était consumé par les flammes (310). Sans doute craindre de brûler vif est-il tout aussi légitime que de redouter d'être frigorifié en travaillant des heures dans un froid hivernal aigu (311).

Pareillement, le salarié préserve sa vie et celle des autres en cessant de conduire un véhicule dont il connaît la défectuosité du système de freinage (312). Qu'en l'occurrence le chauffeur ne remplisse plus sa tâche jusqu'à ce que les choses s'arrangent est certainement défendable.

---

encombrement de certaines salles de classe au point qu'une éventuelle évacuation des élèves et des enseignants aurait été difficile. Selon le tribunal administratif, « *cette situation, pour regrettable qu'elle soit, n'était pas de nature à faire raisonnablement penser qu'il existait une situation de danger à la fois grave et imminent pour la vie ou la santé de l'enseignante ou de ses élèves justifiant qu'elle fasse usage de son droit de retrait* ». Et, puisque le recteur de l'académie de Créteil n'avait donc pas commis d'erreur d'appréciation (en estimant que l'intéressée ne justifiait pas d'un motif raisonnable de penser que sa situation de travail la plaçait dans une situation de danger grave et imminent), la retenue sur salaire été justifiée.

309) L'exercice du droit de retrait paraît instinctif et individuel, alors que la grève résulte d'une décision réfléchie d'un collectif. Dans le premier cas (retrait), la cause et le résultat relèvent de l'instant, alors que dans le second (grève), des négociations sont courantes parallèlement.

310) Cour d'appel de Paris, 30 oct. 1987, Droit ouvrier 1988, p. 246.

311) Conseil de prud'hommes Cergy-Pontoise, 30 mai 1986, Delmotte.

312) Cour d'appel de Paris, 16 janvier 1992.

La Cour de cassation précise que *« que les salariés qui se retirent d'une situation de travail, au motif qu'elle présente un danger grave et imminent pour la vie ou pour la santé de chacun d'eux, n'exercent pas le droit de grève »* (313).

Les rares travailleurs de France qui ne bénéficient pas du droit de grève doivent ainsi pouvoir s'abriter derrière le droit de retrait. Du moins (encore une fois) s'ils ne sont ni militaires, ni policiers. D'ailleurs, c'est seulement le danger inhérent au métier qui se concilie mal avec le droit de retrait. En revanche, le danger accompagnant la conduite d'un véhicule aux freins défaillants, ou celui lié à l'embarquement dans un avion au pilote saoul, autoriseraient même le militaire à invoquer le droit de retrait.

14. - Le paradoxe d'une responsabilité pour non-usage de son droit de retrait.

Dans ces conditions, que risquera le salarié s'il n'a cru devoir prendre la décision d'arrêt que la raison (ou l'instinct) apparaissait commander ? Sachant que le Code pénal avertit (article 222-19, alinéa 1) que l'on risque de préjudicier à l'intégrité d'autrui *« par maladresse, imprudence, inattention, négligence ou manquement à une obligation de prudence ou de sécurité imposée par la loi ou le règlement »*.

Le droit d'alerte et de retrait pourrait ainsi être par ailleurs une obligation de précaution et de diligence de la part du travailleur. Selon toute vraisemblance, s'il a conscience d'un danger grave et imminent, mais qu'il poursuit imperturbablement sa tâche, il paraît commettre une faute.

Mais, envers qui la commet-elle ? D'abord, envers lui-même, puisque son intégrité physique et/ou psychique en souffrira peut-être. S'ensuit par conséquent la question d'une réduction de la dette de

---

313) CASS. SOC., 11 juillet 1989, n° de pourvoi : 86-43497, Société nouvelle des ateliers et chantiers de La Rochelle-Pallice, Bulletin 1989 V N° 516 p. 312.

sécurité que l'employeur a envers lui. La notion de partage de responsabilité pourrait s'insinuer entre eux (314).

Surtout dans l'hypothèse où, contrairement à son employeur, le salarié serait un spécialiste du risque en question, et donc de l'accident finalement survenu. Au demeurant, selon ses compétences et pouvoirs, chaque acteur de la collectivité de travail est responsable de sa propre sécurité, ainsi que de celle des collègues (et du public accueilli).

On n'ose parler d'acceptation des risques par le travailleur qui aura défié le danger et le sort, en ne se retirant pas de la situation périlleuse (315).

---

314) Avant même l'existence du droit du travail et du Code du travail, le Code civil de 1804 avait déjà prévu que les commettants paient les dommages-intérêts nécessaires à l'indemnisation des personnes victimes des imprudences, imprécisions et négligences de leurs préposés (lors du labeur). Dans le cadre de cette responsabilité (civile et extracontractuelle) pour autrui, l'employeur est par ailleurs dénommé « *le civilement responsable* ». L'objection au partage de responsabilité (c'est-à-dire de la dette d'argent) est que l'employeur est en principe assuré. Il n'aura donc pas à payer l'indemnité en allant puiser dans les caisses de l'entreprise. Et même au cas où celle-ci devrait fermer pour que sa liquidation permette le paiement, sa responsabilité financière est réduite aux apports ; il ne perdrait en conséquence que les biens ce qu'il avait investi dans cette entreprise. Le salarié, déjà par définition plus pauvre et sans assurance professionnelle, serait ruiné et sa descendance aussi, s'il lui fallait partager la responsabilité du patron à l'égard des tiers victimes. Certes, pour policer les comportements, le droit pénal doit sanctionner les fautes et négligences susceptibles de porter atteinte à la personne d'autrui.

315) Le travailleur n'aura-il pas manqué à ses obligations professionnelles en alertant point l'employeur sur les dangers aperçus. L'absurdité d'une automaticité de la responsabilité de l'employeur se voit nettement dans le cas d'école suivant, relatif à trois copains créateur d'une entreprise de restauration. Dans celle-ci l'un apporte les fourneaux et le local (100000 euros), l'autre l'argent nécessaire aux dépenses initiales et au fonds de roulement (30000 euros), et le troisième mettant à disposition carnet de relations publiques et ses connaissances techniques (5000 euros). Ce

15. – L'obligation de reprise spontanée du travail à la disparition du danger craint.

Il appartient à l'intéressé de s'assurer que la situation crainte revêt toujours ses deux caractères (de gravité et d'imminence). Car le danger disparaît parfois naturellement, par exemple lorsque cesse l'incendie, la fuite de gaz, ou l'inondation.

Plus souvent, c'est l'employeur qui aura pris les mesures appropriées. À moins que ce soit un tiers bienveillant, lequel agira par conséquent dans le cadre juridique de la gestion d'affaires d'autrui (sans mandat). En tout état de cause, un certain parallélisme des formes s'impose au travailleur : il s'arrête spontanément du fait du danger ; il doit reprendre spontanément à la fin du danger.

Nul besoin que l'employeur entreprenne des démarches pour le faire revenir à son poste de travail (316). Or, il est arrivé qu'un salarié s'obstine à refuser d'intégrer les locaux de travail à cause d'une fausse alerte sur l'existence d'amiante aux murs. Pourtant, l'expertise du cabinet Veritas et l'acquiescement du CHSCT au

---

dernier est le salarié unique. L'associé majoritaire est le gérant, tandis que le deuxième associé regarde de loin le fonctionnement de l'entreprise. S'il y a un accident dû au matériel, pourquoi ne serait-ce pas à lui d'être mis au banc des accusés. Pour charger la barque, il faudrait même imaginer que ce sera même lui qui aura apporté ce matériel finalement défectueux. Il faut ainsi donc gérer la double casquette de salarié et d'actionnaire. Notons que le droit des sociétés fait peser une responsabilité (pour surévaluation) relativement aux biens en nature apportés pour la constitution du capital social.

316) « *Si la présence d'un danger grave et imminent rend légal le retrait de la situation de travail, ce ne peut être que de manière temporaire ; aussi, la disparition du danger normalise la situation « de fait » et la reprise du service s'impose alors à l'agent sans qu'il soit nécessaire à l'administration de donner un ordre en ce sens* » (Nicolas GUILLET, AJDA 2010 p.2157, Les conditions de la reprise du travail après l'exercice du droit de retrait dans la fonction publique).

rapport d'expertise, ainsi que les rappels à l'ordre du patron auraient dû le déterminer à revenir au travail.

La cour d'appel de Besançon a dès lors confirmé le jugement du conseil de prud'hommes de Belfort, trouvant justifié le licenciement du salarié têtu (317).

317) Cour d'appel, Besançon, Chambre sociale, 7 Mai 2019 - n° 18/00313.

www.ingramcontent.com/pod-product-compliance
Lightning Source LLC
LaVergne TN
LVHW082230051026
849532LV00012B/3939
* 9 7 8 2 4 8 7 7 4 0 1 3 6 *